1 章 これからの生き方と家族

私たちは今，青年期にあって，生涯を見通して自立して生きる土台を築く重要なステージに立っている。青年期が自分にとって意義のあるものになるよう，これから変化する社会に対応できる力をつけるよう，学んでいこう。

Check point	NO		←→			YES
1 自分の長所を知っている	1	2	3	4	5	6
2 自分は自立できている	1	2	3	4	5	6
3 将来つきたい職業がある	1	2	3	4	5	6
4 働く目的がはっきりしている	1	2	3	4	5	6
5 夢の実現のために，今，やるべきことを自覚している	1	2	3	4	5	6
6 家族にかかわる法律に興味がある	1	2	3	4	5	6
7 社会において，男女は対等だと考えている	1	2	3	4	5	6
8 結婚について，具体的に考えている（する・しない，する年齢や相手など）	1	2	3	4	5	6
9 家族は，なくてはならないものである	1	2	3	4	5	6
10 今日の家族が抱える問題をあげることができる	1	2	3	4	5	6

● 「自分らしく生きる」ために，今の自分に必要なことを 3 つあげてみよう。

① _____

② _____

③ _____

Memo

生涯発達する自分—人と人とのつながりのなかで，青年期を生きる

TRY 人生100年を1日にたとえると，今のあなたの年齢は何時ごろに位置することになるだろうか。主

（参考）

あなたの年齢（　　　　）歳　→（　　　　）時（　　　　）分

0歳→ 0時	25歳→ 6時
50歳→12時	75歳→18時
計算式：1日（24時間）÷100×年齢	100歳→24時

●それはどのような時間で，充実した1日を生きるためにその時間をどう使いたいか考えてみよう。

1　人の一生を生涯発達の視点でとらえる　次の①〜⑮の発達課題がそれぞれ下の5つのライフステージのどれにあてはまるか分類してみよう。知・技

①大人としての市民的，社会的責任を達成すること

②読み・書き・計算の基礎的能力を発達させること

③引退と収入の減少に適応すること

④食事・排せつなどの基本的生活習慣を学ぶこと

⑤親やきょうだいなど身近な人と基本的信頼関係を築くこと

⑥成長する生活体としての自己に対する健全な態度，良心・道徳性・価値判断の尺度を養うこと

⑦肉体的な力と健康の衰退に適応すること

⑧両親やほかの大人から情緒的に独立すること

⑨パートナーと人間として結びつき，家庭を管理すること

⑩社会的に責任のある行動を求め，行動指針となる価値や倫理の体系を学ぶこと

⑪子どもを育て，子どもたちが幸福な大人になれるよう助けること

⑫職業選択，結婚と家庭生活の準備をすること

⑬善悪の区別，社会や事物についての概念を形成すること

⑭肉体的な生活を満足に送れるように準備すること

⑮家族の一員として日常生活に必要なことができること

乳幼児期	児童期	青年期	壮年期	高齢期

2　ライフイベント　人生100年時代のさまざまなライフイベントを予測してみよう。主

18 20	30	40	50	60	70	80	90	100歳

年	組	番	名前	

TRY 「自立している」と思う人をあげてみよう。なぜそう思うのか，自分の判断基準を考えてみよう。ほかの人の意見も聞いてみよう。 思・判・表

- 自立している人（　　　　　　　　　　　）
- その判断基準（　　　　　　　　　　　　　　　　　　　　　　　　　）

3 **自立の3つの側面**　次の①〜⑧を生活的自立・関係的自立・精神的自立に分類しよう。 知・技

①自分のアイデンティティを持つ。　　　　　　②収入を得て経済的に自立する。

③衣・食・住，経済，消費などの生活技術・技能を身につけ，実践できる。

④コミュニケーション能力，情報を読み解く力をもって合意形成に参加できる。

⑤協力・協働，多様性の理解，男女平等のジェンダー観など，自分の身の周りの人やもの，環境との関係を築くうえで重要な原理・原則を理解できる。それにそった行動ができる。

⑥目標に向かって主体的な意思決定をし，行動できる。

⑦自然の法則を理解し，環境と調和的な行動をする。　　⑧健康的な生活習慣，生活のリズムを持つ。

生活的自立	関係的自立	精神的自立

4 **18歳成年　認識度チェック**　次の項目のうち18歳でできることを選んでみよう。 知・技

①単独でスマホの契約ができる　　　　　　②自分名義のクレジットカードを持つことができる

③公認会計士などの国家資格を取得できる　　④男性も女性も2人の合意にもとづいて結婚できる

⑤飲酒，喫煙ができる　　　　　　　　　　⑥アパートを借りることができる

⑦深夜業務につくことができる

☑ **キーワード**

①自分が何者であるかを認識すること。時間や環境の変化にも左右されない自己の主体性。
（　　　　　　　　　　　　　　　　）

②生活を営むにあたり役立つもの・手段の総称。自分の持っている健康，知識，生活力，家族・友人，生活に必要なもの・サービス，お金，時間などの総体。（　　　　　　　　　　）

③衣・食・住・消費などの生活の仕方，自然とのかかわり方，人生のつくり方などからなるその人の生き方のスタイル。（　　　　　　　　　　）

④自分自身の生活を創るという主体的な態度にもとづいておこなわれる，衣・食・住・消費，趣味，生活時間や空間の使い方などに関するさまざまな行動。（　　　　　　　　　）

学習の自己評価

評価項目	A	B	C	評価
ライフステージと発達課題	ライフステージと発達課題について説明できる。	ライフステージと発達課題について理解できている。	ライフステージと発達課題について十分理解できていない。	
青年期の自立	青年期の自立を3つの側面から説明できる。	青年期の自立について理解できている。	青年期の自立について十分理解できていない。	

キャリアの形成，ワーク・ライフ・バランスを求めて

TRY あなたにとって，働くことはどんな意味を持っているだろうか，下の項目であてはまるものを選んでみよう。**主**

①仲間と楽しく働けること　　②自分の得意なことが生かせること　　③高い収入が得られること

④世のなかのためになること　　⑤その他（　　　　　　　　　　）　（　　　　　　　　　）

1 働く環境の変化 右のグラフを見て，次の文の（　　　　）にあてはまる語句を記入し，問いに答えよう。**思・判・表**

　近年，働く人の9割以上が雇用者となり，雇用者のなかでも男女ともに①（　　　　　　　）が減少し，②（　　　　　　　　）が増加していたが，2019年をピークに微減に転じている。また，非正規雇用者の割合は，③（　　　　　）に比べて④（　　　　　）の方が圧倒的に多く，女性雇用者のうち，⑤（　　　　　　）の割合は半数を超えている。

問い 若い時期に非正規雇用で働き続けているとどのような課題が出てくるか考えてみよう。

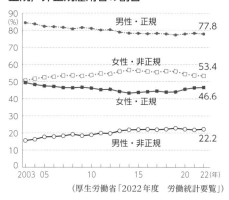

正規，非正規雇用者の割合

男性・正規　77.8

女性・非正規　53.4

女性・正規　46.6

男性・非正規　22.2

（厚生労働省「2022年度　労働統計要覧」）

思・判・表

2 主体的なキャリア形成 次の文の（　　　　）にあてはまる語句を記入し，問いに答えよう。

　仕事には，収入を得るための①（　　　　　　　）労働だけではなく，②（　　　　　　　）労働としておこなわれる仕事もある。家事，育児，教育，介護，防災，地域の安全を守る活動などの，自分や家族，地域住民が快適な生活を送るために必要な仕事の多くは，これまで②（　　　　　　　）労働としておこなわれてきた。これらの②（　　　　　　　）労働は，今後，私たちのライフスタイルが変化し，家族や地域社会も変化するなかで，さらに重要性が③（　　　　　　　）だろう。私たちは，これからは，特定の職業や組織のなかで働く①（　　　　　　　）労働にとどまらず，結婚や家族のこと，学校や地域での役割など②（　　　　　　　）労働も含めた視点で「働くこと」をとらえ，④（　　　　　　　）形成していくことがますます重要になっていく。

　その際には，これまでの社会がつくってきた有償労働と無償労働との役割分担を前提とするのではなく，より多様で人間の⑤（　　　　　　　　　　　）を高める活動ができるために，どのような仕事を有償労働／無償労働として担っていくかを検討していくことも重要になる。これまで無償労働だった仕事を有償労働として担うようになる人が，適切な⑥（　　　　　　　）と⑦（　　　　　　　）を得られるようにしていくことも，これからの私たちの課題である。

問い 文中の下線部に関連して，これからどんな職業が生まれるだろうか。予想してみよう。

3 働くこととジェンダー 以下の問いに答えよう。 思・判・表

問1 右のグラフを見ると，日本の女性と男性の働き方には顕著な違いがあり，女性はM字型曲線を描いている。それは女性のどのような働き方を表しているか考えてみよう。

女性の年齢別労働力率

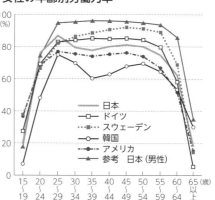

（内閣府「2022年版 男女共同参画白書」）

問2 近年の男性の働き方にはどんな課題があるだろうか。

🚩**TRY** 24時間営業のお店で働く人の働き方を，ワーク・ライフ・バランスの面から検討し，気づいたことを記入してみよう。 思・判・表

🚩**TRY** 卒業後の自分の人生をプランニングしてみよう。 主

- 人生の目標は？
- 進路は？
- 仕事は？
- 結婚は？
- ワーク・ライフ・バランスのプランは？

☑ **キーワード**

①社会的・文化的に形成された性別。 （　　　　　　　　）
②男女の役割や責務を明確に区分すること。 （　　　　　　　　）
③男女ともに職業と家庭の両方の責任を担うのが当然であるという考え方のもとで，1999年に定められた法律。 （　　　　　　　　）
④家庭生活と職業生活との両立，さらに学習，趣味，社会貢献など，さまざまなことを楽しみながら働き，生きていくことができる状態。 （　　　　　　　　）
⑤自分の人生の全体像を描き，それを実現するために目標を立てていくこと。
（　　　　　　　　）

✏ **学習の自己評価**

評価項目	A	B	C	評価
キャリアの形成	主体的なキャリア形成について説明できる。	キャリアの形成について理解できている。	キャリアの形成について十分理解できていない。	
ワーク・ライフ・バランス	多様な人のワーク・ライフ・バランスについて考えることができる。	ワーク・ライフ・バランスについて理解できている。	ワーク・ライフ・バランスについて十分理解できていない。	

Memo

家族・家庭・世帯，家族・家庭の働き

1 世帯とは 次の図の（　）にあてはまる語句を記入しよう。 思・判・表

世帯
- ◆①（　　　　　）世帯　・・・・・１人暮らし
- ◆②（　　　　　　）世帯
  - ③（　　　　　　）のみ
  - 夫婦と④（　　　　　　）
  - ⑤（　　　　　　）と未婚の子
- ◆拡大家族世帯
  - ⑥（　　　　　　）と未婚の子

2 変化する世帯 世帯構成や平均世帯人員の変化について，次の問いに答えよう。 知・技

問1 教科書の図**3**「家族類型別一般世帯割合の推移」から，単独世帯と夫婦のみの世帯の割合の変化に注目し，表の空欄に数値を記入してみよう。

	1960年	1980年	2000年	2020年
単独世帯	％	％	％	％
夫婦のみの世帯	％	％	％	％

問2 教科書の図**4**「一般世帯数および平均世帯人員の推移」から，世帯数と平均世帯人員の変化を読み取り，正しい語句に〇をつけよう。

1960年から2020年にかけて，総務省の国勢調査によると，
- 世帯数は①（　増加　・　減少　・　変化なし　）となっている。
- 平均世帯人員は②（　増加　・　減少　・　変化なし　）となっている。

3 伝統的な家族・家庭の機能 伝統的な家族・家庭は「生産機能」という，生きていくために欠かせない機能を果たしていた。教科書の写真**2**「高度経済成長期以前の家族の機能」を注意深く見てみよう。印象的・特徴的と感じたことを書いてみよう。 主

4 変化する家族・家庭の機能 次の文の（　）にあてはまる語句を記入しよう。 知・技

高度経済成長期の①（　　　　　　　　　）にともない，産業の中心は第２次・第３次産業に移り，生産労働と生活の場が分離した。

1950年代後半以降，夫は②（　　　　　　　），妻は③（　　　　　　）という家族が増加し，家族の生産機能の多くは企業・工場へ移って，家族・家庭は，おもに④（　　　　　　）を果たす場となった。

また，産業化や都市化が進展すると日常生活にかかわる専門機関やサービスが次々に発達し，多くの家族機能が，企業や自治体，警察・消防，学校・病院・福祉施設などの⑤（　　　　　　）によって担われるようになった。これを家族機能の⑥（　　　　　　）または⑦（　　　　　　）という。

Memo

5 家族機能の外部化　次の問いに答えよう。 思・判・表

問1　家族機能の外部化にともなって変化した，家族の生活の在り方（一面）を考えて，いくつかあげてみよう。

Memo

問2　家族機能の外部化にともなって，失われて欲しくない家族の機能をあげてみよう。

6 「Society5.0」における暮らしの変化　教科書のCOLUMN「Society 5.0」における暮らしの変化を見てみよう。「Society5.0」は，狩猟社会（Society1.0），農耕社会（Society2.0），工業社会（Society3.0），情報社会（Society4.0）に続く，日本がめざす未来社会の姿とされている。このような未来社会では，家族・家庭の機能としてどのようなことが求められているだろうか。予想してみよう。 思・判・表

✓ **キーワード**

①家族と認識しあい，長期的な関係のなかで生活を支え合っている人たちのこと。（　　　　　　）

②自分が生まれ育った家族のこと。（　　　　　　）

③自立しパートナーをみつけ，自分の意思と責任でつくる新しい家族のこと。（　　　　　　）

④家族や個人が日常生活する場，そこでの暮らしの営み，その場にかもし出される雰囲気のこと。（　　　　　　）

⑤住居と生計をともにしている人の集まり，または一戸を構えて住んでいる単独者のこと。（　　　　　　）

✎ **学習の自己評価**

評価項目	A	B	C	評価
家族・家庭・世帯	世帯構成のグラフから家族の姿を読み取ることができる。	家族・家庭・世帯の違いについて理解できている。	家族・家庭・世帯の違いについて十分理解できていない。	
家族・家庭の働き	未来社会の家族・家庭の機能について考えることができる。	家族・家庭の機能の変化について理解できている。	家族・家庭の機能の変化について十分理解できていない。	

Memo

パートナーと出会う，結婚と変化する家族

1 **配偶者選択と結婚行動の変化**　次の文の（　　）にあてはまる数字や語句を記入しよう。　**知・技**

● 日本では「結婚は必ずするべきだ」と「結婚はした方がよい」を合わせると①（　　　　）％を超えている。

● 第二次世界大戦以前は，②（　　　　　　　）結婚が約7割であったが，1965年には本人どうしの愛情による③（　　　　）結婚が②（　　　　　　　）結婚を上回り，ネットでの出会いも急増している。

● 近年，恋愛結婚には欠かせない異性交際に消極的な若者が増加している。近年の結婚カップル誕生の件数（婚姻件数）は高度経済成長期の6割まで減少し，男女ともに④（　　　　　　　　）と⑤（　　　　　　　　　　）が上昇している。

● 1980年代には95％以上の人が一度は結婚を経験していたが，このまま⑥（　　　　　　　）化と⑦（　　　　）化が続くと，男性の3割，女性の2割が生涯未婚になると推計されている。

● ⑧（　　　　）は増加しており，婚姻数の4組に1組程度が⑧（　　　　　　）となっている。

● ⑨（　　　　　　）は，1970年には結婚全体の0.5％にすぎなかったが，2016年には3.4％となり，そのうち妻が外国人で夫が日本人のカップルが70％を占めている。

結婚に関する考え方の国際比較

凡例：
- ▨ 結婚は必ずするべきだ
- ▨ 結婚・同棲はしなくてもよいが，恋人はいた方がよい
- □ 結婚はした方がよい
- ▨ 結婚・同棲・恋人はいずれも，必ずしも必要ではない
- ▨ 結婚はしなくてもよいが，同棲はした方がよい
- □ その他・無回答

日本	3.6	44.2	2.3	9.6	39.0	1.3
フランス	5.5	23.1	23.3	21.4	26.1	0.6
スウェーデン	2.6	21.2	32.9	3.7	34.9	4.7
ドイツ	8.3	30.5	32.5	12.2	15.3	1.2

0　　20　　40　　60　　80　　100（%）

（内閣府「2020年度　少子化社会に関する国際比較調査」）

見合い結婚・恋愛結婚の推移

見合い結婚：69.0, 69.1, 59.8, 54.0, 49.8, 48.6, 44.9, 41.1, 33.0, 30.4, 24.9, 17.7, 12.7, 7.7, 6.2, 5.3, 5.5, 5.3, 8.1, 6.1
恋愛結婚：13.4, 14.6, 21.4, 33.0, 36.2, 53.9, 61.5, 66.7, 72.6, 80.2, 84.8, 87.2, 87.4, 88.0, 87.9, 84.9, 74.6
メディアを通じて
ネット（インターネット）で：0.1, 0.8, 1.3, 1.0, 9.9, 15.2

凡例：
- 見合い結婚
- 恋愛結婚
- メディアを通じて
- ネット（インターネット）で

1930　39　40　45　49　54　59　64　69　74　79　84　89　94　99　2000　05　10　14　15　19　21（年）

（国立社会保障・人口問題研究所「第16回出生動向基本調査」）

2 **諸外国との国際比較**　次の問いに答えよう。　**思・判・表**

問1　正しいものには○を，間違っているものには×を記入しよう。

① 先進諸国では1970年代以降，少子化が進んだ。　　　　　　　　　　　　　　　　　　　（　　）

② 合計特殊出生率がひのえうまを下回ったことが判明したときの衝撃を1.57ショックという。　（　　）

③ 日本では1990年を契機として子育て支援政策が展開され，合計特殊出生率は上昇した。　（　　）

④ 近年，フランス，イギリス，スウェーデンでは合計特殊出生率が下降傾向にある。　　　（　　）

⑤ シンガポール，韓国，香港，台湾などは日本の合計特殊出生率を下回っている。　　　　（　　）

問2　夫婦が安心して子どもを生み育てることに夢を持てる社会を，さらに発展させるために，現在，何が必要とされているだろうか。考えたり調べたりして書いてみよう。

3 結婚の意義と機能 結婚には，社会的に承認された性関係，一定の権利・義務をともなう関係，継続的な関係，生活のすべてにわたって協力し合う関係という特質がある。また，対個人的な側面と対社会的な側面の二面性がある。それらをふまえて，結婚に対する高校生としての現時点での自分のイメージや考えを書いてみよう。主

4 多様な家族を支える 次の問いに答えよう。

問1 次の家族のかたちのうち，これからの日本で増加傾向になると思うものに〇をつけ，その理由も書いてみよう。思・判・表

事実婚，同棲 婚姻届を出さないでともに暮らす。

（　　　）

ステップファミリー 夫，妻の一方または両方が，子どもづれで結婚した家族。

（　　　）

シングルペアレント 1人で子どもを育てる母親または父親。

（　　　）

里親・里子 一般の家庭で子どもを預かって愛情と家庭的雰囲気のなかで養育する。

（　　　）

問2 社会問題としての家庭内暴力増加に対する法的な整備について，年表にまとめてみよう。知・技

施行年	法律名	施行年	法律名
2000年	（　　　　　）防止法	2006年	（　　　　　）防止法
2001年	（　　　　　）防止法	2012年	（　　　　　）防止法

✓ **キーワード**

①1人の女性が一生涯に生む子どもの数で，15 〜 49歳の女性の年齢別出生率の合計で示す。
（　　　　　　　　）

②ある死亡水準のもとで人口が長期的に一定となる出生水準のこと。（　　　　　　　　）

③家庭的環境に恵まれない児童を有志の者に数年から数か月預けて，愛情と家庭的雰囲気のなかで養育し，その児童の福祉を保障する制度。（　　　　　　　　）

④血縁関係にない者が法的な親子関係をつくる制度。法的に親子関係と同等の権利・義務関係が生まれる。（　　　　　　　　）

学習の自己評価

評価項目	A	B	C	評価
少子化の動向	少子化対策について私たちの課題として考えることができる。	日本の少子化の動向やその背景について理解できている。	日本の少子化の動向やその背景を十分理解できていない。	
結婚と変化する家族	多様な家族関係と支援の必要性について説明することができる。	結婚の機能について理解できている。	結婚の機能について十分理解できていない。	

家族に関する法律

Memo

1　家族と法　次の問いに答えよう。　知・技

問1　次の文の（　）にあてはまる語句を記入しよう。

● 日本では，家族に関する法律は，おもに①（　　　　　　　　）の第四編・親族と第五編・相続に規定
されており，この二編を②（　　　　　　　　）と呼んでいる。

● 日本国憲法では，家族に関する法律は「③（　　　　　　　　）と④（　　　　　　　　）
に立脚して，制定されなければならない」（第24条）と規定された。

問2　次の表の（　）にあてはまる数字や語句を記入し，明治民法と現行民法を比較してみよう。

項目	明治民法（1898年施行）	現行民法（1948年施行）
家族	⑤（　　　　　　　　）があり，「家」の存続が優先。⑥（　　　　　　　　）の権限が大きい（⑦（　　　　　　　　）制）。	夫と妻で新しい戸籍をつくる。夫と妻は⑧（　　　　　　　　）として尊重しあい，協力する。
婚姻	年齢を問わず，⑨（　　　　　　　　）の同意が必要。男30歳，女25歳まで親の同意が必要。妻は夫の戸籍にはいり，夫の⑩（　　　　　　　　）を称する。	男女ともに⑪（　　　）歳になれば婚姻できる（二人の合意だけで成立する）。夫もしくは妻の⑫（　　　　　　　　）を称する。
夫婦	妻は，夫に⑬（　　　　　　　　）する。財産の管理権や運用権はない。	夫と妻は同等の権利と義務をもつ。財産は⑭（　　　　　　　　）制。同居・協力・扶助と貞操の義務をもつ。
親権	未成年の子に対する権利と義務は，⑮（　　　　　　　　）のみにある。	父母が⑯（　　　　　　　　）で親権を行使する。死別または離婚した場合には⑰（　　　　　　　　）が行使する。
相続	家を継いだ子ども（一般には⑱（　　　　　　）が，家の財産と権利・義務を単独で相続する。	第1順位の相続分は，配偶者が１／２，子どもたちは全員で１／２。

＊2022年，女性の再婚禁止期間の廃止（第733条の削除）と，再婚後に生まれた子は離婚後300日以内でも再婚後の夫の子とする改正民法が可決，成立した（2024年4月1日施行）。

2　夫婦　離婚について，次の表の（　）にあてはまる語句を記入しよう。　知・技

①（　　　　　　）離婚	夫婦の合意にもとづくもの。日本ではこれが9割以上を占めている。
②（　　　　　　）離婚	夫婦間で合意できず，③（　　　　　　　　）での調停・審判によるもの。
④（　　　　　　）離婚	②（　　　　　　）離婚が成立しない場合，⑤（　　　　　　）に定める離婚原因にもとづき裁判がおこなわれる。

3　扶養　扶養に関する法律について，次の文の（　）にあてはまる語句を記入しよう。　知・技

民法では，①（　　　　　　　　）と②（　　　　　　　　）は互いに扶養する義務があるとしている。このことは，③（　　　　　　　　）を受給する場合に問題になることがある。離婚後，未成年の子を引き取らなかった親は，子に対して扶養料を分担する義務がある。これを④（　　　　　　）と呼ぶ。

4 相続と親族　親族とは何かを理解し，さらに，相続に関する法律を知ろう。

問1　下図の（　）にあてはまる語句を，□には親等を数字で記入しよう。　知・技

民法における相続人の範囲

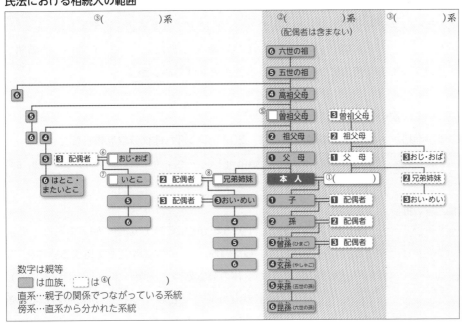

①（　　　　　）②（　　　　）③（　　　　）④（　　　　）⑤（　　　　）⑥（　　　　）⑦（　　　　）⑧（　　　　）

問2　人が死亡したとき，遺産を親族が受け継ぐことを相続というが，相続人どうしの分け前を相続分という。法定相続分について，（　）にあてはまる数字を答えよう。　思・判・表

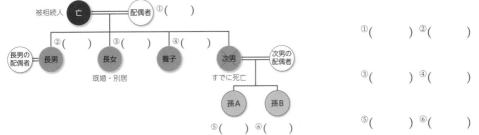

①（　　　）②（　　　）

③（　　　）④（　　　）

⑤（　　　）⑥（　　　）

✓ キーワード

①子どもの出生の日から，14日以内に提出しなければならない届け。　（　　　　　）

②親が，子どもが成人するまで持つ，子どもを守る権利と義務の総称。　（　　　　　）

③婚姻関係にある夫婦の子。　（　　　　　）

④婚姻関係にない男女の間に生まれた子。　（　　　　　）

学習の自己評価

評価項目	A	B	C	評価
明治民法と現行民法	民法をめぐる動きについて説明できる。	明治民法と現行民法の違いについて理解できている。	明治民法と現行民法の違いについて十分理解できていない。	
家族と法	親族の範囲，相続人の範囲について説明できる。	夫婦・親子・親族の権利と義務について理解できている。	夫婦・親子・親族の権利と義務について十分理解できていない。	

1章 これからの生き方と家族

◆ 1 生涯の生活設計

(1) だれにも共通するライフステージで，次の①～③の（　）にあてはまる語を答えよう。

乳幼児期　→　①（　　　　　　　　）期→　②（　　　　　　　　）期→　③（　　　　　　　　）期→　高齢期

(2) 青年期の発達課題の1つである自立について，3つの側面をあげてみよう。

（　　　　　　　　）的自立　　（　　　　　　　）的自立　　（　　　　　　　）的自立

(3) 女性の労働力について，次の各問いに答えよう。

問1　日本の女性の年齢階級別労働力率の数値をもとに，2021年の折れ線グラフを書き加えよう。

年齢階級(歳)	15～19	20～24	25～29	30～34	35～39	40～44	45～49	50～54	55～59	60～64	65以上
2021年	20.1	76.0	86.9	79.4	77.7	80.1	81.2	80.0	74.7	62.2	18.4

女性の年齢階級別労働力率の推移

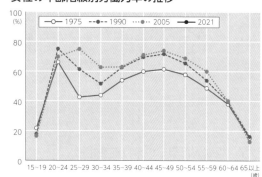

問2　1975年から2021年の間にM字の形はどのように変化したのか，①～③についてあてはまる語句を○で囲もう。

①M字全体の高さが（　上がって　・　下がって　）いる。

②M字の山が（　左　・　右　）に移動している。

③M字の底が（　下がって　・　上がって　）いる。

問3　問2の変化について，なぜそのように変化してきているのか，理由を考えてみよう。

◆ 2 家族・家庭と社会とのかかわり

(1) 次の文の（　）にあてはまる語を答えよう。

　生まれ育った家族を①（　　　　　　　　　）といい，生まれ育った家族から自立し，パートナーをみつけ，自分の意思と責任でつくる家族を②（　　　　　　　　　）という。

(2) 次の①～⑥は，日本における家族に関する文である。文について，正しいものには○を，誤っているものには×を答えよう。

①高度経済成長期（1955 ～ 1973年）に祖父母と同居している拡大家族の割合が増加した。　　　　　（　　　）

②近年，平均世帯人員は減少し，世帯数は増加している。　　　　　（　　　）

③近年，未婚率が下がり，平均初婚年齢も下がっている。　　　　　（　　　）

④夫，妻の一方または両方が，子どもづれで結婚した家族をステップファミリーという。　　　　　（　　　）

⑤出生届は，子どもが生まれた日から1週間以内に役所に提出しなければならない。　　　　　（　　　）

⑥親族は「6親等内の血族，3親等内の姻族」と規定されている。　　　　　（　　　）

年	組	番	名前	

学習を振り返ろう

●この単元で学んだことをまとめてみよう。

●この単元で学んだことで，引き続き調べてみたいこと，学びを深めたいことをまとめてみよう。

生活のなかから課題をみつけよう

●この単元で学習したことを活かして，今の生活のなかで改善できそうなことをみつけてみよう。

●具体的な実践内容，解決方法を考えてみよう。

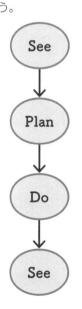

13

Note

Note

Note

2章 次世代をはぐくむ

社会の一員として，子どもの成長・発達について理解を深め，子育ての支援や福祉などを学び，すべての子どもが幸せに暮らしていけるように考えていかなければならない。親として，家族として，社会の一員としての役割を理解して，次世代を担う子どもとどのようにかかわったらよいか，学んでいこう。

Check point	NO	←→	YES
1 子ども (乳幼児) をかわいいと思う	1 2 3		4 5 6
2 命への責任について考えたことがある	1 2 3		4 5 6
3 子どもの体の発育や心の発達に興味がある	1 2 3		4 5 6
4 子どもの心の発達には周囲の適切な対応が必要だと考えている	1 2 3		4 5 6
5 子どもの遊びは心身の発達に不可欠だと思う	1 2 3		4 5 6
6 子どもとのふれ合い学習に興味がある	1 2 3		4 5 6
7 親の役割について考えることがある	1 2 3		4 5 6
8 基本的生活習慣や社会的生活習慣が身についている	1 2 3		4 5 6
9 子育て支援にかかわる法律や福祉施策に興味がある	1 2 3		4 5 6
10 世界における子どもを取り巻く環境の課題をあげることができる	1 2 3		4 5 6

● 「親」としての役割について自分が大切だと思うことを 3 つあげてみよう。

① ………………………………………………………………………………………………………

② ………………………………………………………………………………………………………

③ ………………………………………………………………………………………………………

Memo

次世代をはぐくむ，命のはじまり

TRY 自分が子どものころに楽しかったこと，うれしかったことを思い出してみよう。主

- ●何歳ごろ

- ●出来事

- ●そのときの気持ち

1 子どもを育てること 次のグラフを見て，日本の特徴をまとめるとともに，安心して子どもを生み育てるために，どのような支援があるとよいか，考えてみよう。知・技

子育てをしていてよかったと思うこと・負担に思うこと

よかったと思うこと

- 家庭が明るくなる　70.9 / 70.5 / 66.7 / 63.7
- 子育てを通じて自分も精神的に成長する　63.4 / 45.2 / 76.7 / 36.8
- 子育てを通じて自分の視野が広がる　52.6 / 46.0 / 50.5 / 37.5
- 生活にはりあいができる　44.7 / 54.9 / 53.7 / 59.3
- 身近な人が子どもと接して喜ぶ　27.1 / 32.8 / 48.7 / 23.0
- 子育てを通じて友人が増える　24.3 / 23.3 / 22.2 / 6.8
- 夫婦の愛情がより深まる　22.0 / 33.2 / 32.0 / 24.8

負担に思うこと

- 子育てに出費がかさむ　55.6 / 50.4 / 38.8 / 43.8
- 自分の自由な時間がもてない　46.0 / 32.8 / 28.5 / 23.6
- 子育てによる精神的疲れが大きい　43.1 / 28.5 / 39.8 / 38.4
- 子育てによる身体の疲れが大きい　42.6 / 50.5 / 61.6 / 27.9
- 子どもが病気のとき　33.0 / 41.5 / 34.2 / 28.2
- 夫婦で楽しむ時間がない　16.3 / 28.3 / 24.7 / 21.4
- 仕事が十分にできない　16.3 / 38.3 / 20.6 / 7.5
- 子育てが大変なことを身近な人が理解してくれない　6.9 / 20.1 / 13.0 / 5.2

日本 / ドイツ / スウェーデン / フランス

0　20　40　60　80(%)

（内閣府「2020年度　少子化社会に関する国際意識調査」）

日本の特徴	日本に求められる子育て支援
よかったと思うこと	
負担に思うこと	

2 命への責任 自分もしくはパートナーの将来の出産に向けて，10代の現在，どのようなことに注意を払うべきか考えて記入しよう。思・判・表

3 胎児の発育と母体の変化
次の表中の（　）に，語群から適切な数字または記号を選び，書き入れよう。 知・技

Memo

妊娠週数（週）		（A）胎児の発育	（B）母体の変化	（C）母体の健康管理
妊娠初期	0〜3	神経系・血管などの基礎形成。妊娠7週までは①（　）と呼ばれる。	基礎体温の上昇が⑤（　）週間以上続く。	⑪（　）
	4〜7	脳・心臓の基礎が形成される。	⑥（　）が始まる。	
	8〜11	内臓ができ始める。血液循環が始まる。	⑦（　）などの異常を起こしやすい。	
	12〜15	②（　）がほぼ完成する。	基礎体温が下降し始める。	
妊娠中期	16〜19	骨格ができ，目・耳・鼻・口が整う。手足の動きが活発になる。	食欲が進む。体重が増える。	⑫（　）
	20〜23	全身にうぶ毛が生える。	⑧（　）がはっきり感じられる。	
	24〜27	内臓が発育する。③（　）がよく聞こえる。	子宮やぼうこうが腸を圧迫し，⑨（　）になりやすい。	
妊娠後期	28〜31	皮下脂肪がしだいに増加する。聴覚が完成し大きな音に全身で反応する。	⑩（　）が発症しやすい。	⑬（　）
	32〜35	肺の機能が整い，かすかな呼吸運動が見られる。皮下脂肪が増加する。	子宮が肺を押し上げ，呼吸がやや苦しくなる。背中や腰が痛む。	
	36〜39	内臓・神経系の機能，筋肉が充実する。母体の④（　）が移行する。	子宮の軽い収縮が起こる。	

（A） 1．内臓　　2．胎芽　　3．免疫物質　　　　4．心音

（B） ア．流産　　イ．2　　ウ．妊娠高血圧症候群　　エ．つわり　　オ．便秘　　カ．胎動

（C） a．貧血や便秘になりやすいので，食事のとり方を工夫する。
　　　b．薬の服用も含め，風疹やインフルエンザにかからないよう注意する。
　　　c．お腹が大きくなり母体に負担がかかりやすいので，無理をしないようにする。

☑ キーワード
①安静状態の体温のこと。　　　　　　　　　　　　　　（　　　）
②妊娠確認後，居住地の役所に妊娠届を提出し，交付を受けるもの。（　　　）
③妊娠後期に起こりやすく，妊娠時に高血圧を発症した場合。（　　　）

▷学習の自己評価

評価項目	A	B	C	評価
次世代をはぐくむ	安心して子どもを生み育てることのできる支援策を提案できる。	子育ては社会全体で支えていくことを理解できている。	子育ては社会全体で支えていくことを十分理解できていない。	
命のはじまり	妊娠期間中の父親や家族の役割について考えることができる。	胎児の発育と母体の変化について理解できている。	胎児の発育と母体の変化について十分理解できていない。	

7

Memo

乳幼児の体の発達，乳幼児の心の発達

TRY 自分は何 g で生まれたか，一人歩きはいつごろからか，家族に聞いたり，母子健康手帳（記録）を見たりして調べてみよう。主

| |
| |

1 子どもの発達区分　次の文の（　　）にあてはまる語句を記入しよう。知・技

①（　　　　　　　　　）期	生後 4 週まで
②（　　　　　　　　　）期	1 歳未満
③（　　　　　　　　　）期	1 歳から 6 歳（小学校入学前）まで
④（　　　　　　　　　）期	6 歳（小学校入学）から 12 歳（中学校入学前）まで

2 新生児の特徴　次の文の（　　）にあてはまる語句や数字を記入しよう。知・技

● 新生児は体重約①（　　　　　　　　）g，身長約②（　　　　　　）cm で生まれる。出生後は皮膚などからの水分の蒸発や尿の排せつなどのため，一時的な体重減少（③（　　　　　　　　　　　　　　　））があるが，生後 7 〜 10 日には出生時の体重に戻る。

● 生後数日ごろに④（　　　　　　　　　　　　　　　）で皮膚が黄色くなるが，10 日程度で消える。

● 生後すぐに唇に触れたものに吸いつこうとする⑤（　　　　　　　　　　）などの⑥（　　　　　　　　　　）がみられ，月齢が進むにつれて，しだいに消えていく。

3 子どもの発達のめやす　子どもの運動機能の発育のようすをあらわしたア〜クのイラストを見て，いつごろのようすか，発達の順に並べかえて記号で答えよう。知・技

ア　つかまり立ち　　　イ　寝返り　　　　ウ　手足をよく動かす　　エ　ひとり歩き

オ　つたい歩き　　　カ　腹ばいで少しの間　　キ　支えなしでしばらく　　ク　はいはい
　　　　　　　　　　　　頭を持ち上げる　　　　　の間座る

生後 4 週間以内	3 か月ころ	6 か月ころ	9 か月ころ	1 歳ころ	1 歳半ころ

4 **運動機能の発達** 次の文の（　　　）にあてはまる語句を記入し，図に発達の方向性を矢印で表してみよう。 知・技

運動機能の発達には，一定の順序と方向性がみられ，
①（　　　　　　　）からお尻のほうへ，②（　　　　　　　）
から末梢への順をたどる。しかし，発達のあらわれ方に
は③（　　　　　　　）があることも忘れてはならない。

運動機能の発達の方向

5 **子どもの心と愛着** 次の問いに答えよう。

問1 認知と言語の発達について，次の文の（　　　）にあてはまる語句を記入しよう。 知・技

● ①（　　　　　）か月ころの乳児が自分の手をじっと見つめる動作を②（　　　　　　　　　　　）
という。最初のうちは，それを自分の体の一部とは意識できないが，口に入れたり動かしたりする
うちに，自分の意思で動かせるということを認知していく。

● ことばを話し始める少し前ころから③（　　　　　　　）をするようになるが，それらは言語発達
の基礎となるので，④（　　　　　　　　　）をおこなうなど，応答を繰り返し，人と共感する楽
しさを経験させることが大切である。

● 1歳を過ぎるころになると，1つの単語で，いろいろと伝える（⑤（　　　　　　　））。2歳に近
くなるころから，2つの単語をつなげていうことができるようになる（⑥（　　　　　　　））。そ
の後，急速にことばの数が増えていくが，言語の発達には⑦（　　　　　　　）が大きいことに気
をつける。

問2 愛着行動にはどんな例があるか考えてみよう。 知・技

問3 「アニミズム」の意味と，それを生かした絵本や映画などの事例をあげてみよう。 思・判・表

意味
事例

✓ **キーワード**

①赤ちゃんがことばを話し始める前に発する「アー」「ウー」などの声。　　（　　　　　　）
②生後半年を過ぎるころから，自分と生活をともにする人，あやしたり遊び相手をしてくれた
　りする人に対して形成する，強い情緒的な結びつき（カタカナで）。（　　　　　　）
③2歳過ぎの，親に対して「いや」「自分でする」などということが多くなる時期。
　　　　　　　　　　　　　　　　　　　　　　　　　　　　　　　（　　　　　　）

学習の自己評価

評価項目	A	B	C	評価
乳幼児の体の発達	乳幼児の体つきと高校生の自分たちとの違いを説明できる。	新生児の特徴について理解できている。	新生児の特徴について十分理解できていない。	
乳幼児の心の発達	子どもの心の発達をうながすために何が必要かを説明できる。	子どもの認知の仕方について理解できている。	子どもの認知の仕方について十分理解できていない。	

Memo

親と子のかかわり，乳幼児の生活と安全

TRY 子育て体験者に，うれしかったこと，大変だったこと，親になって変わったことなどをインタビューしてみよう。 主

| |
| |

1 **子どもの成長と親のかかわり方**　次のような乳幼児からのサインに対して，あなたはアタッチメントを意識してどのように乳幼児とかかわるか，考えてみよう。 思・判・表

乳幼児からのサイン	あなたの行動
おむつがぬれて乳児が泣いているとき	
おなかがすいたと乳児が泣いているとき	
アー，ウーと喃語で話しかけてくるとき	
夕食のしたくで忙しいのにしがみついて離れないとき	
怖い夢を見たと泣いているとき	

2 **基本的生活習慣**　5つの基本的生活習慣と，それぞれの到達目標をあげてみよう。 知・技

基本的生活習慣	到達目標

3 **社会的生活習慣**　社会的生活習慣の例をあげてみよう。 知・技

| |
| |

4 **乳幼児の食生活**　離乳食の進め方のめやすについて表にまとめよう。 知・技

	離乳初期	離乳中期	離乳後期	離乳完了期
月　齢				
回　数				
かたさのめやす				

5 乳幼児の衣生活　幼児の衣服の条件についてまとめてみよう。 知・技

6 乳幼児の健康と安全　次の文の（　　）にあてはまる語句を記入しよう。 知・技

● 乳幼児は自分で意思表示が十分できないので，①（　　　　　　　　）や顔色，体温，便の色，機嫌などを手がかりに，大人が体調を読み取ることが大切である。保健センターや病院の②（　　　　　　）や育児相談を積極的に利用することや感染症予防のために③（　　　　　　　　）を受けて予防につとめることも必要である。

● 乳児では，自由に頭や手を動かせない時期に布団での④（　　　　　）事故，移動できる時期には関心のあるものをめざして移動し，手に触れるものは何でも口に入れることでの⑤（　　　　　）による事故は多い。子どもの手の届かないところに置くよう注意が必要である。

● 幼児の死亡原因で⑥（　　　　　　　　　）は多い。飛び出しによる交通事故，浴槽でおぼれる，ベランダから転落するなど大人がちょっと目を離したすきに起こった事故が目立つ。普段から子どもの目線と動きを予測し，周囲をよく観察し安全への対策をとる必要がある。

7 予防接種　予防接種法で，保護者に接種の努力義務が課せられている感染症のうち，おもなものについて表中の空欄を埋め，自分自身の接種状況を調べて接種済のものに○をつけよう。 主

感染症名	特　徴	接種済
ジフテリア	眼球や横隔膜などのまひ，心不全などをきたす。	
破傷風	おもに傷口に菌がはいりこんで感染を起こす。	
ポリオ	子どもがかかることが多く，筋肉にまひなどを起こすことがある。	
①（　　　）	麻しんとも呼ばれる。	
②（　　　）	三日ばしかとも呼ばれる。	
日本脳炎	蚊が媒介する。日本の名前がついた病気。	
③（　　　）	ツベルクリン反応検査は省略され，BCGを直接接種する。	
水痘（水ぼうそう）	体に液体を含んだ発疹が出る。	

☑ キーワード

①病気に対する免疫をつけるためにワクチンを投与すること。 （　　　　　）
②周りの人が喫煙することにより吸わされてしまうこと。 （　　　　　）
③不慮の事故のうち，手に触れるものを何でも口に入れることで起こる事故。 （　　　　　）

学習の自己評価

評価項目	A	B	C	評価
親と子のかかわり	親も子どもとともに成長していくということが理解できる。	基本的生活習慣について理解できている。	基本的生活習慣について十分理解できていない。	
乳幼児の生活と安全	乳幼児の健康と安全について，対処方法をあげることができる。	乳幼児の生活の特徴について理解できている。	乳幼児の生活の特徴について十分理解できていない。	

Memo

9

子どもの成長と遊び，子どもとのかかわり方を学ぶ

1 遊びの意義　次の文の（　　）にあてはまる語句を答えよう。　知・技

子どもは遊びを通して，笑ったり泣いたりわくわくしたり悔しがるなど，さまざまな①（　　　　　　）を経験する。子ども時代の生活の中心は②（　　　　　　）であり，子どもは②（　　　　　　）を通して，さまざまなことを知り，学び，③（　　　　　　）していく。したがって，子どもの③（　　　　　　）とともに②（　　　　　　）も④（　　　　　　）する。仲間と遊ぶなかで，けんかをしたり，物の取り合いをしたり，がまんしたり，自己主張したりと⑤（　　　　　　）も育っていく。

2 遊びの種類　次の①〜⑤の子どもの遊びに関連の深いものを選び，線で結ぼう。　知・技

①感覚遊び（乳児期から）　●　　　　　●　ア．組立・制作する（積み木・折り紙・粘土など）

②運動遊び（乳児期から）　●　　　　　●　イ．絵本・音楽を見聞きする（絵本・紙芝居など）

③受容遊び（1〜2歳から）　●　　　　　●　ウ．視覚・聴覚・触覚などの感覚器を使う（ガラガラなど）

④模倣遊び（2歳ころから）　●　　　　　●　エ．手足や身体全体を動かす（すべり台・三輪車など）

⑤構成遊び（2〜3歳から）　●　　　　　●　オ．周囲の生活をまねする（ままごと・人形遊びなど）

3 児童文化財と伝承遊び　次の文の（　　）にあてはまる語句を答えよう。　知・技

子どもが遊びのなかで親しむ①（　　　　　　　　　）は，時代をこえて現代まで大切に伝えられ受け継がれてきた。②（　　　　　　　　）は，日常生活のなかで口伝えに歌い継いできた歌で，現代でも親しまれている。①（　　　　　　　　）を通して地域の③（　　　　　　）や日本の③（　　　　　　）に触れることにもなる。

TRY　次の伝承遊びについて，どんな遊び方か，調べてみよう。　主

めんこ…

福笑い…

4 遊びの変化と課題　近年の子どもの遊びの変化と課題をあげ，解決策をまとめよう。　思・判・表

変化と課題	解決策

✓ キーワード

①子どもの成長や豊かな遊びに欠かせない，玩具，絵本，マンガ，映画，童謡，ゲーム遊び，紙芝居，遊具など　　　　　　　（　　　　　　　　　　）

学習の自己評価

評価項目	A	B	C	評価
子どもの成長と遊び	遊びの変化と課題をあげ，解決策を提案できる。	遊びの意義について理解できている。	遊びの意義について理解できていない。	

年	組	番	名前	

子どもとのふれ合い体験　実習記録

日　時　（　　　）月（　　　）日（　　　）曜日　（　　　）：（　　　）～（　　　）：（　　　）
実習場所　（　　　　　　　　　　　　　　　　　）（　　　　　）歳児クラス

実習で取り組みたいこと	子どもに対するイメージ（実習前）

実習内容

運動のようす	ことば・理解のようす

社会性のようす	保育者の子どもへの接し方のようす

実習後の子どもに対するイメージや子どもとかかわって気づいたこと，うれしかったこと，うまくいかなかったことなど，記録をまとめよう。

地域社会と子育て支援，未来を担う子どもの権利

Memo

1 多様化する保育ニーズ 次の問いに答えよう。 知・技

問1 集団保育の意義についてまとめてみよう。

問2 待機児童の問題についてまとめてみよう。

問3 保育所，幼稚園，認定こども園について，（　）にあてはまる語句や数字を記入しよう。

項目	保育所	幼稚園	認定こども園
所　管	①（　　　　　　　　　　　　）	⑥（　　　　　　　　　　　　）	⑪（　　　　　　　　　　　）・文部科学省
性　格（法律）	児童福祉施設 ②（　　　　　　）法	就学前の教育施設 ⑦（　　　　　　）法	教育・保育・子育て支援 ⑫（　　　　）こども園法
対　象	保育を必要とする乳児・幼児，その他の児童	保護者の希望による制限⑧（　　　　）	満3歳以上の子・満3歳未満の保育を必要とする子
保育時間	1日③（　　）時間を原則 1日④（　　）時間開所	1日⑨（　　）時間を標準	教育時間は⑬（　　）時間 保育時間は⑭（　　）時間
保育者	⑤（　　　　　）資格	⑩（　　　　　　）	⑮（　　　　）教諭
費　用	3歳以上児，住民税非課税世帯の0～2歳児の利用料は無料		

2 さまざまな子育て支援策 次の問いに答えよう。 知・技

問1 出産支援のための法律を4つあげよう。

問2 育児・介護休業法で定めている子育て支援を挙げよう。

問3 次の支援事業の名称を答えよう。

①近隣地域での預け合いによる支え合いを後押しする制度で，援助を受けることを希望する者と援助をおこなうことを希望する者とを調整する。　（　　　　　　　　　　　　　　　　）事業

②病気の子ども，病気から快復したばかりの子どもを保健的な対応をもって専用スペースで保育する。
（　　　　　　　　　　　　　）事業

TRY あなたが住む地域，自治体の子育て支援策を調べてみよう。他地域に住む友だちとそれを比較してみよう。**主**

● 自分の地域の子育て支援策

● 友だちの地域との比較

3 子どもの権利と福祉 児童の権利に関する条約(子どもの権利条約)についてまとめよう。 **知・技**

1．①(　　　　　　) を禁止する (第2条)

2．「子どもの②(　　　　　　) の利益」を考慮する (第3条)

3．子どもの③(　　　　　　) を保障する (第12条)

4．④(　　　　) が第一義的に責任をもち，それを⑤(　　　　　) が援助する (第18条)

5．親による虐待・放任・⑥(　　　　　) から子どもを保護する (第19条)

4 子どもと人権 児童虐待について，次の問いに答えよう。

問1 児童虐待を4種類あげよう。 **知・技**

問2 虐待が起こりやすい背景をあげよう。 **思・判・表**

✓ **キーワード**

①児童福祉を保障するためにあらゆる児童が持つべき権利や支援が定められた，1947年に公布された法律。　　　　　　　　　　　　　　　　(　　　　　　　　　　)

②児童虐待の防止に関する施策を促進し，児童の権利利益を擁護する法律。2000年に施行されている。　　　　　　　　　　　　　　　　　(　　　　　　　　　　)

③乳幼児期の経済状況は将来に引き継がれ，貧困だけでなく意欲の低下につながるおそれがあるとの指摘もあることから問題視されている。(　　　　　　　　　　)

学習の自己評価

評価項目	A	B	C	評価
地域社会と子育て支援	子育て支援策を具体的にあげることができる。	現代の子育て環境の問題点を指摘することができる。	現代の子育て環境の問題点に気づくことができていない。	
子どもと人権	子どもの貧困や児童虐待への具体的な対策をあげることができる。	子どもの権利がおびやかされていることに気づいている。	子どもの権利がおびやかされていることに気づいていない。	

Memo

2章 次世代をはぐくむ

◆ 1 子どもの発達

次の下線部について，正しいものには○を，間違っているものは，正しい語句に訂正しよう。

①低出生体重児とは，出生時に体重が<u>3,000g</u>未満の新生児のことをいう。

②<u>出産後</u>，役所に届けて交付される手帳を母子健康手帳といい，健診時に必要である。

③分娩後，母体が妊娠前の健康状態に回復するまでの6 ～ 8週間を<u>産褥期</u>という。

④<u>3歳</u>くらいから，身近な人に対して情緒的な結びつき（愛着，アタッチメント）を形成する。

⑤妊娠<u>後期</u>になると妊娠高血圧症候群が起こりやすい。

⑥<u>2歳過ぎ</u>には，親に対して「いや」「自分でする」などということが多くなる。

①	②	③
④	⑤	⑥

◆ 2 子どもの生活

次の用語の説明として適する文を語群より選び，記号で答えよう。

①予防接種（　　　）　　②基本的生活習慣（　　　）　　③誤飲（　　　）　　④初乳（　　　）

⑤社会的生活習慣（　　　）　　⑥離乳食（　　　）

語群　ア．食事・睡眠・排せつ・衣服の着脱・清潔など日常生活の基本的行動。

　　　イ．ルールをまもるなど，社会の一員として身につけるべき行動。

　　　ウ．出産後はじめの数日間に分泌される免疫物質を多く含んだ母乳のこと。

　　　エ．母乳などの乳汁以外の食べ物に慣れて幼児食へ移行する過程の食事。

　　　オ．病気に対する免疫をつけるためにワクチンを投与すること。

　　　カ．食べ物以外のものを間違えて飲みこむこと。

◆ 3 子育て支援と福祉

次の文章が説明している法律や憲章，制度を答えよう。

①育児や介護をおこなう労働者の職業・家庭生活の両立を支援する法律。（　　　　　　　　　）

②すべての就学児童の放課後対策のため創設されたプラン。（　　　　　　　　　）

③幼児期の学校教育や保育，地域の子育て支援の充実のための制度。（　　　　　　　　　）

④病気やその回復期にあって集団保育が難しい子どもの保育。（　　　　　　　　　）

⑤希望する保育所の定員がいっぱいなため，入所できない乳幼児。（　　　　　　　　　）

⑥母性・乳児・幼児の健康の保持・増進を図り，国民保健の向上に寄与する法律。（　　　　　　　　　）

⑦母性の生命健康の保護を目的とし，不妊手術・人工妊娠中絶などを定めた法律。（　　　　　　　　　）

⑧児童に対する正しい観念を確立し，すべての児童の幸福のため定めたもの。（　　　　　　　　　）

⑨子どもを保護対象としてだけでなく，権利の主体として規定した条約。（　　　　　　　　　）

⑩貧困の状況にある子どもがすこやかに育成される環境を整備し，教育の機会均等を図るための法律。

（　　　　　　　　　）

年	組	番	名前		

●この単元で学んだこと，現代の子育ての課題についてまとめてみよう。

●安心して子育てをするためにはどのような家庭環境や社会環境が必要だろうか。意見を書いてみよう。

●この単元で学習したことを活かして，今の生活のなかで改善できそうなことをみつけてみよう。

●具体的な実践内容，解決方法を考えてみよう。

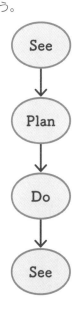

See

Plan

Do

See

Note

Note

Note

③章 充実した生涯へ ④章 ともに生きる

平和で豊かな時代が続き，日本は世界のなかで高齢化の最先進国となっている。現代の高齢者の生活や福祉について学び，高齢者への理解を進め，今私たちに何ができるかを考え，高齢社会を進んでいきたい。また，世代を超えてともに支え合いながら安心して充実した生活を送ることができるように，社会保障制度のしくみや地域住民のネットワーク，地域福祉や生活環境整備について考えを深めていこう。

Check point	NO ←→ YES
1 身近にかかわることができる高齢者がいる	1　2　3　4　5　6
2 高齢者も参加する社会行事に参加したことがある	1　2　3　4　5　6
3 高齢者の心身の変化について知っている	1　2　3　4　5　6
4 地域の高齢者施設について知っている	1　2　3　4　5　6
5 高齢者にかかわる法律や制度などを知っている	1　2　3　4　5　6
6 家事や家族の介護など，進んで手伝いたい	1　2　3　4　5　6
7 人の生涯と社会保障などを関連づけて考えている	1　2　3　4　5　6
8 バリアフリーやノーマライゼーションを意識している	1　2　3　4　5　6
9 ボランティア活動に積極的に参加している	1　2　3　4　5　6
10 世界の多くの国が高齢化していることを知っている	1　2　3　4　5　6

●これまでに高齢者とかかわったなかで，印象に残っていることをあげてみよう。
　かかわりがない人は，どんなかかわりをしてみたいかあげてみよう。

11

Memo

超高齢社会を生きる，人生のなかで高齢期をとらえる

1 **超高齢化する社会**　次の問いに答えよう。

問1　次の文の（　　）にあてはまる語句を記入しよう。　知・技

　私たちの社会は，急速に人口の①（　　　　　　　　　）が進んでいる。総人口のうち65歳以上の人が占める割合である②（　　　　　　　　）は，世界のなかで1980年代までは下位であったが，2005年からは世界で最も高い水準となり，③（　　　　　　　　　）へと移行している。

　今後，団塊の世代が④（　　　　　　　　）と呼ばれる75歳以上になると，④（　　　　　　　）の割合が急増し，2030年には人口の2割を占めるようになる。日本は世界のどの国も経験したことのないような人口構成の社会に突入していくことになる。

問2　団塊の世代とはどのような人たちか，答えよう。　思・判・表

2 **世界有数の長寿国**　次の文の（　）にあてはまる語句を記入しよう。　知・技

　日本は，平均寿命からみても世界有数の①（　　　　　　　）である。日本人の②（　　　　　　　　）は，第二次世界大戦後間もない1947年の男性③（　　　　　　　）年，女性④（　　　　　　　）年からほぼ一貫してのび続け，2020年には男性⑤（　　　　　　　）年，女性⑥（　　　　　　）年となった。⑦（　　　　　　　）（センティネリアン）と呼ばれる100歳以上の高齢者も増加している。

　健康上の問題で日常生活が制限されることなく生活できる期間である⑧（　　　　　　　）も順調にのび，近年では平均寿命ののびを上回っている。

3 **超高齢社会を生きる私たちの課題**　次の文の（　）にあてはまる語句を記入しよう。　知・技

　まだ寿命が短かったころは，高齢期というのは成長・発達を遂げた後の人生の①（　　　　　　　）であり，そこでは②（　　　　　）をいかに過ごすかが課題であった。しかし，③（　　　　　　　　）といわれるほど寿命がのび，自立した高齢者が増加した今日，人生のとらえ方は大きく転換した。壮年期以降の変化も発達とみる④（　　　　　　）の考え方が共有されるようになるにつれて，②（　　　　　）を過ごすのではなく，生涯を通して⑤（　　　　　　　）らしく生きることが課題となっている。

TRY　男性と女性の自立度を比べてみよう。どんな共通点があるだろう。また，どんな違いがあるだろう。　思・判・表

| 共通点 |
| 相違点 |

自立度の変化パターン

男性

自立3　（10.9%）

（19.0%）　（70.1%）

死亡0

年齢 63 65 66 68 69 71 72 74 75 77 78 80 81 83 84 86 87 89（歳）

女性

自立3　（87.9%）

（12.1%）

死亡0

年齢 63 65 66 68 69 71 72 74 75 77 78 80 81 83 84 86 87 89（歳）

4 身体機能の変化 空欄をうめて加齢に伴う高齢者の身体機能の変化をまとめてみよう。 知・技

加齢に伴う身体機能の変化

青系統と黄系統の色が識別しにくくなる。

①(　　　　　) の低下，

②(　　　　　　) が見にくくなる。

③(　　　　　) がにぶり，
濃い味を求めるようになる。

肩の④(　　　　) がかたくなり，
動かしにくくなる。

足腰がしだいに弱ってくる。
さらに弱ると，体に支えが必要になる。

⑤(　　　　　　　　) が特に
聞こえにくくなる。

⑥(　　　　) がにぶり，
異臭や汚臭を感じにくくなる。

⑦(　　　　　　　) が衰え，

⑧(　　　　　) も動かしにくくなる。

ひじやひざの④(　　　　) が
かたくなり，動かしにくくなる。

⑨(　　　　　　　) がにぶり，
転びやすくなる。

5 知的機能の変化 次の語句を簡単に説明しよう。 知・技

● 流動性知能

● 結晶性知能

✓ キーワード

①全人口に対する65歳以上の人口比率。　　　　　　　　　　　　(　　　　　　)

②0歳児の平均余命のこと。　　　　　　　　　　　　　　　　　(　　　　　　)

③大きな個人差を含みつつ，だれもが経験する長い期間にわたる緩慢な正常な老いのこと。
　　　　　　　　　　　　　　　　　　　　　　　　　　　　(　　　　　　)

④歳をとると人格まで変化し，高齢者は自己中心的，頑固，保守的であるなど固定的に決めつ
　ける考え方。誤った偏見であることが明らかにされている。　(　　　　　　)

学習の自己評価

評価項目	A	B	C	評価
超高齢社会を生きる	人生100年時代をどのように生きたいかを考えることができる。	日本の人口の高齢化の特徴が理解できている。	日本の人口の高齢化の特徴が十分理解できていない。	
人生のなかで高齢期をとらえる	健康的な生活を維持するために何が必要かを考えることができる。	加齢にともなう心身の変化について理解できている。	加齢にともなう心身の変化について十分理解できていない。	

Memo

12

Memo

高齢期の生活

1 高齢期の家族関係　下の図を見て，以下の問いに答えよう。 思・判・表

問1　高齢者のいる世帯数は1975年から2022年の間に約何倍になったか答えよう。

（　　　　　　　　　　）

問2　近年の高齢者のいる世帯の構成割合の特徴はどのように変化しているか書こう。

高齢者のいる世帯数と構成割合の推移

	712万世帯	850万世帯	1,082万世帯	1,565万世帯	2,071万世帯	2,747万世帯	
その他の世帯	14.4	12.5	12.4	12.3	11.2	9.0	
三世代世帯	54.4	50.1	39.5	26.5	16.2	7.1	
親と未婚の子のみの世帯	9.6	10.5	11.8	14.5	18.5	20.1	核家族世帯
夫婦のみの世帯	13.1	16.2	21.4	27.1	29.9	32.1	核家族世帯
単独世帯	8.6	10.7	14.9	19.7	24.2	31.8	
（年）	1975	80	90	2000	10	22	

（厚生労働省「2022年　国民生活基礎調査」ほか）

2 高齢期の就業　高齢期に働くことの意義を3つあげよう。 知・技

知・技

3 高齢期のワーク・ライフ・バランス　次の文の（　）にあてはまる語句を記入しよう。

　活力ある高齢社会を創るためには，高齢者が支えられる側だけではなく，①（　　　　　　　）や能力に応じて②（　　　　　　　）を支える側にもなれるようなしくみ，③（　　　　　　　）の機会をつくっていくことが不可欠である。

　経験を生かして働き，それに応じた収入を得る方法も考えられなければならない。高齢者をはじめ，多様な人が自分にふさわしい働き方を求めていくことは，社会全体に新しい働き方をつくっていく推進力にもなるだろう。そのためには④（　　　　　　　　　）を通じて学習し，さまざまな経験をし，自分の人生を自分で⑤（　　　　　　　）する力を持つことがますます必要になっている。

☑ **キーワード**

①市区町村単位に設置され，定年退職者などの高年齢者に，臨時的・短期的，またはその他の軽易な仕事を提供している。　（　　　　　　　　　）

②高齢者の安定した雇用の確保などをはかる法律。　（　　　　　　　　　）

評価項目	A	B	C	評価
高齢期の生活	高齢期の生活をどのように充実させるかを考えることができる。	高齢者の就業の現状と課題が理解できている。	高齢者の就業の現状と課題が理解できていない。	

年	組	番	名前		

高齢者インタビュー　記録用紙

話した高齢者との関係：

①今までの自分の人生のなかで，最もうれしかったことは何ですか。

②15〜20歳のころのことを教えてください。

③15〜20歳のころと，現在の自分とを比較して，いちばん変わったと思うところはどこですか。

④年をとったからこそ気がついたことがありますか。また，今いちばん楽しいことは何ですか。

⑤健康維持のために，日ごろから心がけていることは，どんなことですか。

⑥これからの自分の生き方について，特に考えていることがあれば教えてください。

⑦今の若い人へひと言メッセージをお願いします。

インタビューをして感じたこと：

13

高齢社会を支える，充実した高齢期へ

Memo

1 経済的な課題と年金制度　次の文の（　　）にあてはまる語句を入れよう。 知・技

　高齢者世帯の所得の約①（　　　　　）割は②（　　　　　　　　　　　）で占められており，年金は高齢期の生活を支える柱となっている。②（　　　　　　　　　　）には，日本に住所をもつ③（　　　　）歳以上④（　　　　）歳未満のすべての人が加入する⑤（　　　　　）年金と，サラリーマンなどが加入する⑥（　　　　　　）年金とがある。

　月々保険料を納め，一定の条件を満たすと，原則⑦（　　　　）歳から死ぬまで⑧（　　　　　　）年金を受け取ることができる。また，⑦（　　　　）歳未満でも，必要状況が発生すると，⑨（　　　　　　　　）年金や⑩（　　　　　　　）年金が受給できる。

2 介護を必要とする人の増加と多様化　次の問いに答えよう。

問1　次の文の（　　）にあてはまる語句を入れよう。 知・技

　健康寿命と①（　　　　　　　　）の間には差があり，統計的には男性約②（　　　）年，女性約③（　　　）年の不健康な期間が生じている。この間は，生活の継続のためには④（　　　　　　　）が必要となる。

　また，身体的な支えを必要とする人が増加するだけでなく，⑤（　　　　　　　　）のように，物事を判断する能力が十分でなくなるような脳の病気をわずらう人の割合も上昇しており，身体的な支援を必要とする人の④（　　　　　　）とは異なる，特別な配慮をともなう④（　　　　　　　）の必要性も増している。

　⑥（　　　　　　　）にともなって④（　　　　　　）を必要とするようになるきっかけはさまざまであるが，①（　　　　　　　　　）の伸長にともなって，今後ますます日常生活に支障が生じる症状も程度も⑦（　　　　　　）になることが予想され，<u>それを支えるしくみづくりにも，新しい考え方が導入される必要がある。</u>

問2　上の文の下線部について，あなたのアイデアを自由に書いてみよう。 主

>

3 介護を担う人　次の問いに答えよう。

問1　次の文の（　　）にあてはまる語句を入れよう。 知・技

　介護する人は，要介護者と①（　　　　　　　　）の人が約②（　　　　）％以上を占め，③（　　　　　　）の家族や，事業者などの専門家の割合が，それぞれ約④（　　　　）％強となっている。また，介護する人を性別にみると，女性が⑤（　　　）％，男性が⑥（　　　）％である。これまでは女性が圧倒的多数を占めていたが，近年男性介護者の割合も増加している。

問2　介護を担う人に関する課題を，教科書から3つ抜き出してみよう。 思・判・表

| |
| |
| |

4 介護の社会化と介護保険制度 次の文の（　）にあてはまる語句を入れよう。 知・技

　介護保険制度は，①（　　　　　　　　）が保険者となり，日本に住所をもつ②（　　　）歳以上の人は被保険者として月々保険料を支払うしくみである。サービスを受けるには，①（　　　　　　　　）などに申請し③（　　　　　　　　　）を受ける。④（　　　　　　　　　）と認定された場合は，⑤（　　　　　　　　　　）とともに介護予防プランを立て介護予防サービスを利用する。⑥（　　　　　　　）と認定された場合は，介護支援専門員（⑦（　　　　　　　　　　　））とケアプランを立て介護サービスを利用する。介護を必要とする高齢者本人，家族もまじえて本人の希望をできるだけかなえるよう協議がおこなわれる。サービスを受ける際には費用の⑧（　　　）〜⑨（　　　）割を負担する。

5 介護者を守るしくみ 高齢者虐待について説明した次の①〜⑤にあてはまる記号を，語群から選んで記入しよう。 知・技

語群

①身体的虐待　　（　　）　　ア．心理的外傷を与えるようなことば，無視など

②ネグレクト　　（　　）　　イ．わいせつな行為をすること

③心理的虐待　　（　　）　　ウ．財産の不当処分，不当に経済上の利益を得ること

④性的虐待　　　（　　）　　エ．身体に外傷が生じるおそれのある暴行を加えること

⑤経済的虐待　　（　　）　　オ．養護を著しくおこたること

6 充実した高齢期へ コラム「高校生のみなさんに期待すること」を視聴して，「持続可能な地域コミュニティ」のあり方について，あなたのアイデアを自由に書いてみよう。 主

☑ キーワード

①現役世代が高齢者の老後生活を支えるしくみ。　　　　　　　　（　　　　　　　）

②食事・排せつ・入浴などの生活支援のほか，相談やコミュニケーション，レクリエーション，生活環境の整備，リハビリテーションなど，その人らしい生活を総合的に支援すること。

　　　　　　　　　　　　　　　　　　　　　　　　　　　　　　（　　　　　　　）

③高齢者が高齢の親や配偶者を介護すること。　　　　　　（　　　　　　　）

④認知症高齢者が同居する認知症高齢者を介護すること。　　（　　　　　　　）

⑤在宅介護に関する各種の相談・対応，および保健・福祉サービスが総合的に受けられるよう連絡・調整をおこなう。　　　　　（　　　　　　　）

学習の自己評価

評価項目	A	B	C	評価
高齢社会を支える	これからの高齢社会の担い手として何かできるかを考えている。	高齢期を支える社会のしくみについて理解できている。	高齢期を支える社会のしくみについて十分理解できていない。	
充実した高齢期へ	人生100年時代の地域づくりのために自分なりの提案ができる。	高齢期の地域での生活の大切さが理解できている。	高齢期の地域での生活の大切さが十分理解できていない。	

Memo

Memo

社会保障制度と社会的連帯，人の多様性と社会参加

1 日本の社会保障制度　以下の問いに答えよう。

問1　日本における社会保障制度は，日本国憲法第25条を中心として，その内容を実現するよう整備されてきた。一般に「生存権」を規定しているといわれる第25条を書き出してみよう。 知・技

1項
2項

問2　日本の社会保障制度についてまとめた下の表の（　）にあてはまる語句を記入しよう。 知・技

社会保障の制度	具体的な内容
社会保険	①（　　　　　　　）・②（　　　　　　　　　　　　　）・介護保険・雇用保険・労働者災害補償保険の5つ
公的扶助	最低限度の生活を無拠出で保障する③（　　　　　　　　）制度
④（　　　　　　　）	⑤（　　　　　　　）・⑥（　　　　　　　　）・父子・障害者・高齢者などに，相談援助を含む社会的な支援をおこなうこと
⑦（　　　　　　　）	健康づくり・生活環境の整備など

問3　自助・互助・共助・公助について，教科書の説明を表に書き出して整理しよう。 知・技

自助	
互助	
共助	
公助	

知・技

2 人の多様性とソーシャルインクルージョン　次の文の（　）に適切な語句を入れよう。

　指紋がみな違うように，個々の人々は，①（　　　　　　　）に富んでいる。人の①（　　　　　　　）の要素（属性）は多くの場合，その人らしさにかかわり，変えることが難しい。複合的な要素から生み出される人の①（　　　　　　　）は，豊かな社会の構築の原動力となる。

　しかし，人々の間の違いが，ときとして偏見や②（　　　　　　　　　　），ソーシャルエクスクルージョン（③（　　　　　　　　））を生み出してきたことも，私たちは知っている。少数者である④（　　　　　　　）などは社会的に不利な集団となりやすく，⑤（　　　　　　　）から排除され⑥（　　　　　　）を経験しやすい。現実の社会が，いかに人の①（　　　　　　　）を尊重し，排除を減らし，より多くの人の意思を尊重しながら主体的な⑤（　　　　　　　）を促せるか，それぞれの生活の場でのソーシャルインクルージョン（社会的包容・包摂）のありようが問われている。

3 参加の機会の保障，結果の平等の促進　以下の問いに答えよう。

問1　次の文の（　　）にあてはまる語句を入れよう。 知・技

- より多くの人たちの社会参加をはばむ障害を①（　　　　　　　　　）という。これを減らし，アクセシビリティを高めるために，私たちはバリアフリー化やユニバーサルデザインの普及，制度や政策の②（　　　　　　　　　）化など，社会的な環境に対する整備に取り組んでいる。
- 個々人に対する取り組みとして，機会の平等な保障（属性などによる非差別）や，個々人の違いに応じた③（　　　　　　　）の提供義務がある。これらは④（　　　　　　　）（差別禁止）政策といわれる。③（　　　　　　　）は⑤（　　　　　　　　　）によって，世界の国々で障害のある人を対象に提供されるようになった。
- 結果の平等を促す取り組みは⑥（　　　　　　　　　　　）またはアファーマティブアクションと呼ばれ，社会的に不利な立場にある特定の集団を対象として，優遇措置をおこなうものである。日本では，人々の社会参加を促すために，バリアフリー法，男女雇用機会均等法，⑦（　　　　　　　　　）（2013年）などが実際にこれらの取り組みを定めている。

問2　ノーマライゼーション・バリアフリー・ユニバーサルデザインについて，生活のなかでみつけた事例を具体的に書き出してみよう。 思・判・表

ノーマライゼーション	
バリアフリー	
ユニバーサルデザイン	

TRY 個別の人を想定して，合理的配慮や，諸制度の柔軟な活用などの例を考えてみよう。 主

☑ キーワード

①その国や地域で暮らす人々にとってノーマル（普通）な生活条件や水準を，年齢，障害の有無などの相違にかかわらず，みなが享受し，それぞれの地域でともに尊厳をもって暮らせるように社会がしていくこと。　　　（　　　　　　　　　　　）

②違いを尊重し，社会の構成員として互いを承認し，人々の孤独や孤立，排除や摩擦を削減し，みなを社会に包みこんでいく考え方。　　　（　　　　　　　　　　　）

③多様な人に対する物理的・精神的な障壁を取り除くこと。　（　　　　　　　　　）

学習の自己評価

評価項目	A	B	C	評価
社会保障制度と社会的連帯	すべての人がその人らしく暮らせる社会づくりを提案できる。	社会保障制度について理解できている。	社会保障制度について十分理解できていない。	
人の多様性と社会参加	より多くの人が社会参加できる社会づくりを考えることができる。	社会参加をはばむ社会的障壁に気づくことができる。	社会参加をはばむ社会的障壁に気づくことができない。	

◆ 1　充実した生涯へ

(1) 次の下線部について，正しいものには○を，誤っているものには，正しい語句を記入しよう。

①75歳以上を後期高齢者という。　　　　②高齢になると低音域が特に聞こえにくくなる。

③経験と結びついた能力を，流動性知能という。　　④結婚した子どもと同居する高齢者は減少している。

①	②	③	④

(2) 次の文の（　）にあてはまる語句を選んで，正しい方を○で囲もう。

①高齢者世帯の所得の6割は，（　公的年金　・　稼働所得　）で占められている。

②介護保険は，（　20歳　・　40歳　）から被保険者として保険料を支払う。

③介護の必要があると認定された高齢者は，（　約8割　・　約2割　）である。

④介護者の50%以上を占めるのは，（　同居の人　・　事業所　）である。

(3) 次の文章が説明している法律名を答えよう。

①子の養育および家族の介護をおこなう労働者などに対する支援措置を講じることなどにより，これらの者の職業生活と家庭生活との両立に寄与するための法律。　　　　　　　　　　　（　　　　　　　　　　）

②高齢者虐待の防止，養護者に対する支援などに関する施策を促進し，もって高齢者の権利利益の擁護に資することを目的とした法律。　　　　　　　　　　　（　　　　　　　　　　）

◆ 2　ともに生きる

(1) 社会保障制度のおもな柱を4つ書き出そう。

(2) ノーマライゼーションとは，どのような考え方か，答えよう。

(3) 次の法律について，施行された年の早い順に1, 2, 3を記入しよう。

バリアフリー法（　　　）　　男女雇用機会均等法（　　　）　　障害者差別解消法（　　　）

(4) 次の文章が説明している制度や法律名を答えよう。

①社会全体で互いが支え合うとした社会的連帯の考え方にもとづいて，すべての人に，健康で文化的で，安心できる生活を保障することを目的として設けられた公の制度。　　　　　　　　（　　　　　　　　　　）

②社会的に不利な立場にある特定の集団を対象として，優遇措置をおこなうもの。アファーマティブアクション（積極的差別是正措置）とも呼ばれる。　　　　　　　　　　　（　　　　　　　　　　）

③高齢者，障害者などの移動上および施設の利用上の利便性・安全性の向上の促進を図り，もって公共の福祉の増進に資することを目的とした法律。　　　　　　　　　　　（　　　　　　　　　　）

④すべての国民が，障害の有無によって分けへだてられることなく，相互に人格と個性を尊重し合いながら共生する社会の実現に資することを目的とした法律。　　　　　　　　（　　　　　　　　　　）

年	組	番	名前	

学習を振り返ろう

●この単元で特に印象深かったこと，興味を持った内容を書いてみよう。

●この単元で学んだことを踏まえて，引き続き調べてみたいことや関連づけて学びたいことについて問を立ててみよう。

生活のなかから課題をみつけよう

●この単元で学習したことに着目して，身近な生活で改善できそうな課題をあげてみよう。

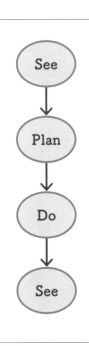

●その課題の解決方法をいくつか考えてみよう。

Note

Note

Note

5 章 食生活をつくる

　私たちは生きている限り，毎日食事をする。食事は，健康を保ち元気に暮らすために必要不可欠なものであることを詳しく学ぶことで，知識を身につけていこう。知識を深め，実践に結びつけて，食生活を健全に自分らしく管理していこう。

Check point	NO ← → YES
1 自分で毎日食べているものについて考えている	1　2　3　4　5　6
2 朝食を毎日しっかりと食べている	1　2　3　4　5　6
3 生活習慣病について知っている	1　2　3　4　5　6
4 健康やダイエットなどの食の情報に関心がある	1　2　3　4　5　6
5 自分が住む地域の行事食や郷土料理について知っている	1　2　3　4　5　6
6 ５大栄養素のはたらきについて知っている	1　2　3　4　5　6
7 サプリメントについて関心がある	1　2　3　4　5　6
8 食品の表示を確認する習慣がある	1　2　3　4　5　6
9 食品の安全について関心がある	1　2　3　4　5　6
10 栄養バランスのよい１食分の献立を用意できる	1　2　3　4　5　6

●食生活に関することで，今までに学んできたこと，これからできるようになりたいことは何だろうか。

・今までに学んできたこと：

・これからできるようになりたいこと：

Memo

私たちと食事，健康に配慮した食生活

1 食事と体内時計　次の説明文が正しいものには○，誤っているものには×をつけてみよう。 知・技

①24時間よりも少し長い周期で変化する生体リズムのことを概日リズム（サーカディアンリズム）
　という。　　　　　　　　　　　　　　　　　　　　　　　　　　　　　　　　　　（　　　）

②不規則な生活を続けているとリズムが崩れ，体調不良，内臓疾患などにつながる。　（　　　）

③同じ量の食事であれば，食べる時間が違っていても，体内での利用のされ方は同じである。（　　　）

④朝食は，脳で使われるエネルギー源であるたんぱく質の補給源になる。　　　　　　（　　　）

⑤朝食欠食について，中学生，高校生のころから習慣化している人は2割程度存在する。（　　　）

TRY あなたが昨日食べたものを書き出してみよう。 主

朝食	昼食	夕食	間食

2 栄養摂取の現状　次のグラフから読み取れることを書き出してみよう。 思・判・表

肥満者とやせ（低体重）の割合の変化

凡例：1979年　2019年

男性の肥満

女性の肥満

男性のやせ

女性のやせ

（厚生労働省「2019年　国民健康・栄養調査」ほか）

TRY 自分のBMIを計算してみよう。 主

　BMI＝体重(kg) ÷ (身長(m))^2

計算式：	判定：

3 将来を考えた食生活　次のグラフについて以下の問いに答えよう。　知・技

問1　A，Bが示す曲線は，男性または女性のどちらになるか答えよう。

A（　　　　　　）　B（　　　　　　）

問2　①〜④を示す時期としてあてはまるものを，a〜dより選び，記号で答えよう。

①（　　　）　②（　　　）　③（　　　）　④（　　　）

a．骨量減少を抑える時期

b．最大骨量を維持する時期

c．転倒予防，骨折予防の時期

d．より高い骨量を獲得し，丈夫な骨をつくる時期

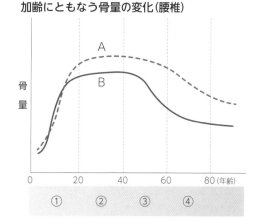

加齢にともなう骨量の変化（腰椎）

TRY　次の体験談を見たときの5人の感想（教科書参照）をあなたはどのように考えるだろうか。自分に近い考えを選び，あなたの考えを書こう。　思・判・表

体験談：朝食に必ずりんごを食べるようになってからスリムになった。

自分に近い考え	あなたの考え

✓ キーワード

①食育に関する施策を総合的かつ計画的に推進し，現在および将来にわたる健康で文化的な国民の生活と豊かで活力ある社会の実現に寄与することを目的とした法律。
（　　　　　　　　　　）

②同じ量の食事をとっても，食べる時間によって，体内での利用のされ方に差があることなどを考慮した栄養学。（　　　　　　　　　　）

③朝食を食べなかった，または錠剤や栄養ドリンクのみ，あるいは菓子，果物，乳製品，し好飲料などの食品のみ食べた場合のこと。（　　　　　　　　　　）

④骨量が減少し骨がもろくなって骨折しやすくなり，寝たきりにつながる症状。
（　　　　　　　　　　）

⑤食習慣・運動習慣・休養・喫煙・飲酒などの生活習慣が関与して発症する。
（　　　　　　　　　　）

⑥内臓脂肪型肥満に加えて，高血糖・高血圧・脂質異常のうちいずれか2つ以上をあわせもった状態。（　　　　　　　　　　）

学習の自己評価

評価項目	A	B	C	評価
私たちと食事	食事の役割について理解し，説明することができる。	食事の役割について理解できている。	食事の役割について十分理解できていない。	
健康に配慮した食生活	将来を考えた食生活について理解し，実践できる。	将来を考えた食生活について理解できている。	将来を考えた食生活について十分理解できていない。	

Memo

食生活の変化，持続可能な食生活

1 **食材や食生活の変化**　次のグラフから読み取れることを記入しよう。　思・判・表

日本の1965年ごろと2021年を比べると①（　　　　　）が大幅に増えている。

日本　1965年　　　　1980年　　　　2021年

P 12.2%　　　　P 13.0%　　　　P 13.7%

C 71.6%　　F 16.2%　　C 61.5%　　F 25.5%　　C 54.2%　　F 32.1%

インドは，日本と比べると，
②（　　　　　　　　）が多く，
③（　　　）と④（　　　　　　）
が少ない。

アメリカやフランスは，日本と比べると，⑤（　　　）が多く，⑥（　　　）が少ない。

アメリカ　12.3% P 13.2%
C 46.4%／52.0%　　34.8%／41.4% F

フランス　12.8% P 12.7%
C 44.3%／54.8%　　32.5%／42.9% F

インド　9.8% P 10.1%
C 71.7%／76.0%　　13.8%／18.5% F

※日本は年度ベースの値。実線 ── は2013年（インドは2007年），破線 ‐‐ は1965年の値。（農林水産省「2021年度　食料需給表」ほか）

TRY　1965年，1980年ごろは，どんな食事をしていただろうか。教科書の資料**5**，**6**を参考に，現在と比較して具体的に考えてみよう。　思・判・表

1965年	
1980年	

2 **食料自給率**　次の問題に答えよう。　知・技

問1　右のグラフのア〜ウはオーストラリア，アメリカ，日本だが，日本はどれか。　　　　　　　　　　　　（　　　）

問2　日本の食料自給率の特徴や課題を書こう。

諸外国の食料自給率の推移

ア　200
イ　132（アメリカ）／125（フランス）／86／65／60
ウ　37／37（2020）
1965 70 75 80 85 90 95 2000 05 10 15 18 20 (年)

TRY　食料自給率を高めるために，私たちはどのような取り組みができるだろうか。考えてみよう。　主

3 環境にやさしい食材の選択 次の各問いに答えよう。 知・技

問1 とり肉3t（トン）の場合，東京までのフードマイレージを計算しよう。

＜計算方法＞フードマイレージ（t・km）＝食材の重量（t）×輸送距離（km）

産地	日本（千葉）	日本（鹿児島）	ブラジル（ブラジリア）
輸送距離	40km	963km	17,700km
フードマイレージ	①( )t・km	②( )t・km	③( )t・km

t・km（トン・キロメートル）

問2 次のA〜Cのグラフは，アメリカ，韓国，日本だが，日本はどれか。

( )

問3 グラフ中のaが示す食材は何か答えよう。 ( )

問4 次の文の（ ）に適語を入れよう。

フードマイレージ

水産物　コーヒー，茶，ココア　飲料
畜産物　野菜・果物　　　　　砂糖類　大豆ミールなど

A（2016年）　油糧種子　その他
A（2001年）
B（2001年）
C（2001年）

0　1,000　2,000　3,000　4,000　5,000　6,000　7,000　8,000　9,000　10,000
（億トン・km）

● 季節はずれの食材は，ハウス栽培など多くのエネルギーを消費して生産されている。日本の食文化で大切にされる①( ) を味わうためにも，②( ) を利用しよう。

● 原料調達から廃棄・③( ) に至るまでの全体を通じて排出されるエネルギーに関しても配慮していく必要がある。LCA（④( )) の手法を応用して，⑤( ) を表示した食品も流通している。

check
☑ キーワード

①食事を家庭内でつくらず，外食したり，調理加工したものを利用したりすること。
( )

②同じ食卓を囲んでも，それぞれ別の食べ物を食べること。 ( )

③周りの人々とともに食事をすること。 ( )

④自分の地域で生産された食料を，その地域で消費する運動。 ( )

⑤食材の買いすぎや食べ残しなどから発生する，まだ食べられるのに廃棄される食品。
( )

⑥賞味期限直前の食品や製造過程で規格外になった食品を無償で配布する取り組み。
( )

≡▶ 学習の自己評価

評価項目	A	B	C	評価
食生活の変化	食生活の変化について理解し，説明することができる。	食生活の変化について理解できている。	食生活の変化について十分理解できていない。	
持続可能な食生活	日本の食料自給の課題について，改善策を考えることができる。	日本の食料自給の課題について理解できている。	日本の食料自給の課題について十分理解できていない。	

Memo

17

Memo

食生活の文化

1 食べ物と文化　次の文の（　）に適語を入れよう。 知・技

　世界各地には，気候的・地理的条件などの自然環境とともに，歴史の流れのなかで培われたものや異文化との交流で得たものなど，社会的・経済的環境により，さまざまな①（　　　　　　　）が形成されている。世界で食べられている主食は，②（　　　　　　　　　）であるアジアの③（　　　），ヨーロッパ・北米などの④（　　　　　　　），アフリカ・中米の⑤（　　　　　　　　）などがある。

2 世界の主食分布　次の図中のそれぞれの地域で，主食として食べられている①〜④の食物について，その名称を答えよう。 知・技

主食：人が年間に食べる総エネルギーの1/3以上をまかなう食物と仮定して分類。

（　①　）
熱帯地域で栽培されているいも類の一種。蒸す，ゆでる，揚げるなどして食べる。タピオカの原料。

（　③　）
すりつぶしたとうもろこしからつくる薄焼きパン（トルティーヤ）で具を包む。

（　②　）
小麦粉を発酵してつくるパンの一種。タンドールという窯で焼く。

（　④　）
ポリネシアを中心にゆでる，揚げるなどして食べる。サトイモ科。

凡例：
- 米
- 小麦
- 大麦
- 雑穀（もろこし・きびなど）
- とうもろこし
- いも類（じゃがいも・キャッサバ・タロイモ・料理用バナナなど）
- 肉食（豚・牛・羊・鳥・魚など）
- 麦類＋いも類
- 肉＋乳
- 小麦＋肉
- 小麦＋乳
- 小麦＋肉＋乳

① (　　　　　　　)　② (　　　　　)　③ (　　　　　)　④ (　　　　　)

TRY 世界にはどのような米料理があるだろうか。それぞれの国の特徴や食習慣も比較してみよう。 主

料理名	国名	特徴や食習慣

3 日本の伝統的な食文化　一汁三菜の配膳例として，①〜⑤にはどのようなものを並べるか答えよう。 知・技

③　④　⑤　①　②

① (　　　　　　　　　　　)
② (　　　　　　　　　　　)
③ (　　　　　　　　　　　)
④ (　　　　　　　　　　　)
⑤ (　　　　　　　　　　　)

4 日本の伝統的な発酵食品 次の問いに答えよう。 知・技

問1 次の文の（　）に適語を入れよう。

①（　　　　　　　）は，②（　　　　　　　　　）の働きで食物が変化する現象である。日本では，日常生活に①（　　　　　　　）を利用し，多様な③（　　　　　　　）を形成してきた。

問2 日本の伝統的な発酵食品を3つ答えよう。

5 日本の食文化の継承と創造 次の説明文があらわす料理名を線で結ぼう。 知・技

①家族でお祝いごとがあったとき（出産，誕生祝い，成人式，還暦など）に炊く。尾頭つきの鯛もいっしょに出すことが多い。　●

②各地域固有のものがあり，お祝いごとや祭りの際につくられる。　●

③盆や彼岸，葬儀の際は，肉や魚など動物性の食品を使用しない料理をつくる。　●

④1月7日に，7種の草（セリ，ナズナ，ゴギョウ，ハコベラ，ホトケノザ，スズナ，スズシロ）を炊きこんだかゆを食べる。　●

●　七草がゆ

●　赤飯

●　ちらし寿司

●　精進料理

TRY 地域で雑煮がどのように違うだろうか。地域を1つ取り上げ，特徴を調べてみよう。 主

地域	特　徴

☑ **キーワード**

①世界で食べられている主食である，米，小麦，とうもろこしのこと。　（　　　　　　　　）

②肉類や牛乳・乳製品，油脂などの摂取が増加した1980年ころの食生活で，栄養バランスがとれた食事として海外からも評価された。　（　　　　　　　　）

③2013年にユネスコ無形文化遺産に登録された，日本の伝統的な食文化のこと。　（　　　　　）

④各地域の産物を活用し，風土にあった食べ物を受け継いでいる料理のこと。（　　　　　）

⑤正月や節分，大晦日などの年中行事のほか，人生の節目や祭りの際などに，日常とは違う「ごちそう」をつくり，家族や地域で祝うときの食事のこと。　（　　　　　　　　）

✎ **学習の自己評価**

評価項目	A	B	C	評価
世界の食文化	世界の食文化について理解し，説明することができる。	世界の食文化について理解できている。	世界の食文化について十分理解できていない。	
日本の伝統的な食文化	日本の伝統的な食文化について理解し，説明することができる。	日本の伝統的な食文化について理解できている。	日本伝統的な食文化について十分理解できていない。	

Memo

Memo

18 人体と栄養，炭水化物

TRY 私たちの体は多くの物質で構成されている。「①炭水化物，②脂質，③たんぱく質，④無機質，⑤ビタミン，⑥水」を，人体に含まれる割合が多い順に並べよう。 知・技

(　　　) ⇒ (　　　) ⇒ (　　　) ⇒ (　　　) ⇒ (　　　) ⇒ (　　　)

1 栄養と栄養素　次の各問いに答えよう。

問1　次の各文の（　）にあてはまる語句を記入しよう。 知・技

● 栄養……食品を①（ 　　　　　 ）し，②（ 　　　　　 ）・③（ 　　　　　 ）し，それらを利用すること，不要な物質を④（ 　　　　　 ）することなど。

● 栄養素……私たちの⑤（ 　　　　 ）の保持・増進に不可欠な物質。体を⑥（ 　　　　 ）するもの，体の働きを⑦（ 　　　　 ）するもの，⑧（ 　　　　　　 ）となるものなどに分けることができる。

● 5大栄養素とは別に，⑨（ 　　　　 ）も体の重要な構成要素と考えることができる。

問2　次の5大栄養素のおもな働きをア～ウより，多く含む食品をエ～クより選ぼう。 知・技

5大栄養素	おもな働き	多く含む食品
炭水化物	①	⑥
脂質	②	⑦
たんぱく質	③	⑧
無機質	④	⑨
ビタミン	⑤	⑩

＜おもな働き＞（ア～ウは何度使ってもよい）
ア．エネルギーを補給する
イ．体の組織をつくる
ウ．体の機能を調節する
＜多く含む食品＞
エ．食用油脂，肉類，魚類
オ．野菜類，果物，きのこ類
カ．穀類，いも類，砂糖
キ．卵，肉類，魚介類，大豆・大豆製品
ク．乳・乳製品，海藻類

問3　私たちの体内で，3大栄養素（炭水化物・脂質・たんぱく質）は相互につくり変わることができる。その例をあげてみよう。 知・技

2 消化と吸収　次の文の（　）にあてはまる語句を記入しよう。 知・技

● 消化・吸収……食品中の成分を①（ 　　　　 ）し，人体の成分へと②（ 　　　　 ）するための過程。栄養素が消化されるためには，酸やそれぞれの栄養素に対応した③（ 　　　　 ），胆汁などが必要である。

TRY 米（ごはん）をかんでいると甘く感じてくるのはなぜだろうか。考えてみよう。 思・判・表

3 炭水化物 次の各問いに答えよう。

問1 次の各文の（ ）にあてはまる語句を記入しよう。 知・技

● 糖質……1gあたり約①（　　　　）kcalのエネルギーを生じる。代表例であるでんぷんは，消化されると，②（　　　　）になって吸収される。大部分は，筋肉・臓器などに運ばれてエネルギーに変わるが，一部は肝臓で③（　　　　）に合成されて蓄えられる。

● 食物繊維……炭水化物のうち，消化されにくい物質で，セルロース・ガラクタン・グルコマンナンなど，ほとんどは④（　　　　）に属する。⑤（　　　　）にはなりにくいが，腸内環境をよくする働き，肥満や⑥（　　　　）を予防する働きなど健康効果が期待されている。

問2 次の①〜④について，糖質の説明にはT，食物繊維の説明にはSを記入しよう。 知・技

①不足すると，エネルギー不足のため，やせになりやすい。　（　　　）
②通常の食生活では，とり過ぎることはほとんどない。　（　　　）
③とり過ぎると，エネルギー過剰で肥満になりやすい。　（　　　）
④不足すると，心筋梗塞による死亡率が高くなることが報告されている。　（　　　）

4 炭水化物を多く含む食品 次のうち，正しいものに○，誤っているものに×を記入しよう。 知・技

①米・小麦・とうもろこし・そばなどは，総称して穀類と呼ばれる。　（　　　）
②精白米の主成分はでんぷんで，アミロペクチンだけからなるうるち米と，アミロペクチンとアミロースが約4対1からなるもち米に分けられる。　（　　　）
③米を炊くとαでんぷんが糊化してのり状のβでんぷんになり，味も消化もよくなる。　（　　　）
④小麦粉に水を加えて練ると，グルテンを形成し，粘りと弾力性を生じる。　（　　　）
⑤パンやパスタには，たんぱく質の含有量が多い強力粉が向いている。　（　　　）
⑥いも類はでんぷんが多く，ビタミンC・無機質が豊富であるが，食物繊維は少ない。　（　　　）
⑦砂糖の主成分はしょ糖で，甘味料やエネルギー源として重要である。　（　　　）

TRY じゃがいもの加工品にはどんなものがあるか，調べて書き出してみよう。 主

✓ キーワード
①体を構成するもの，体の働きを調整するもの，エネルギー源となるものなどがあり，私たちの健康の保持・増進に不可欠な物質。外部から摂取する必要がある。　（　　　）
②炭水化物のうちすぐれたエネルギー源で，消化酵素によって分解されるもの。　（　　　）

学習の自己評価

評価項目	A	B	C	評価
人体と栄養	栄養素や水の働きについて説明することができる。	栄養素や水の働きについて理解できている。	栄養素や水の働きについて十分理解できていない。	
炭水化物	炭水化物の働きや多く含む食品について説明することができる。	炭水化物の働きや多く含む食品について理解できている。	炭水化物の働きや多く含む食品について十分理解できていない。	

Memo

19 脂質，たんぱく質

1 脂質　次の問いに答えよう。

問1　（　）にあてはまる語句を記入しよう。 知・技

●脂質……体内で貯蔵されてエネルギー源となる①（　　　　　　），生体の構成成分となる②（　　　　　　　　　　）・③（　　　　　　　　　　　）などがある。

●脂肪……1gあたり約④（　　　　　）kcalを生じるすぐれたエネルギー源である。過剰に摂取したエネルギーは，脂肪組織に⑤（　　　　　　　　　）として蓄えられる。

●脂肪酸……多くの種類があるが，⑥（　　　　　　　　　）と⑦（　　　　　　　　　　　）に大別され，食物から摂取する必要のあるいくつかの脂肪酸を，⑧（　　　　　　　　　）という。魚油や植物油には，⑨（　　　　　　　　　　）が多く含まれ，動脈硬化や心疾患を防ぐ働きがある。

問2　次の①〜④について，脂質のとり過ぎの症状にはT，不足の症状にはHを記入しよう。 知・技

①脂溶性ビタミンの吸収が悪くなる。 （　　）

②エネルギー過剰から肥満になりやすい。 （　　）

③皮膚炎を起こしたり，赤血球や細胞の膜が弱くなる。 （　　）

④血液中の脂肪が増え，動脈硬化症などになりやすい。 （　　）

2 脂質を多く含む食品　次の各問いに答えよう。

問1　油脂類についてまとめた次の表の（　）にあてはまる語句を記入しよう。 知・技

油 ●常温で①（　　　　）。 ●②（　　　　　）脂肪酸が多い。	植物性	③（　　　　　　　　　　），ごま油，大豆油，調合油，とうもろこし油，なたね油，綿実油　など
	動物性	④（　　　　　　　）
脂 ●常温で⑤（　　　　）。 ●⑥（　　　　　）脂肪酸が多い。	植物性	パーム油，やし油　など
	動物性	ラード，⑦（　　　　　）　など
硬化油 ●植物油に⑧（　　　　）添加して 　⑥（　　　　）脂肪酸に変化させたもの	⑨（　　　　　　　　），ファットスプレッド，ショートニングなど	

問2　動脈硬化や心筋梗塞を防ぐための脂質のとり方を考えてみよう。 思・判・表

3 たんぱく質　次の問いに答えよう。

問1　（　）にあてはまる語句を記入しよう。 知・技

●たんぱく質……約20種類の①（　　　　　　　　）によって構成され，②（　　　　　　）・臓器などの構成成分，③（　　　　　　）・酵素・ホルモンなどの成分になる。たんぱく質1gあたり約④（　　　　　）kcalのエネルギーを生じる。

● 必須アミノ酸……体内で必要量が⑤（　　　　　　）できないアミノ酸で，食物から摂取しなければならない。たんぱく質の栄養価は，必須アミノ酸の含有量をもとにした⑥（　　　　　　　　）によってあらわされる。 知・技

問2 次の値をもとに，精白米（うるち米），木綿豆腐のアミノ酸価を計算し，表に記入しよう。

※小数点以下四捨五入　　　　　　　　　　　　　　　　　　　　　　　　　　　　　　　　（mg/gたんぱく質）

	イソロイシン	ロイシン	リシン	含硫アミノ酸	芳香族アミノ酸	トレオニン	トリプトファン	バリン	ヒスチジン	
アミノ酸評点パターン（18歳以上）	30	59	45	22	38	23	6.0	39	15	アミノ酸価
精白米（うるち米）	47	96	42	55	110	44	16	69	31	
木綿豆腐	52	89	72	30	110	48	16	53	30	

問3 たんぱく質の補足効果を利用して栄養価を高めるには，精白米（うるち米）とどのような食品を組み合わせて食べるとよいか考えよう。 思・判・表

---

4 たんぱく質を多く含む食品 ①～④について説明した食品を語群から選び，記入しよう。 知・技

①肉類と並ぶ重要なたんぱく質源である。加工品には，かまぼこ・ちくわ・干物・つくだ煮などがある。　　　　　　　　　　　（　　　　）

②必須アミノ酸のバランスがよく，ビタミンC以外のビタミンや無機質，脂質も含む。さまざまな調理上の特性がある。　　　（　　　　）

③高たんぱく質・高脂質の食品である。アミノ酸バランスにすぐれ，米食と組み合わせると，たんぱく質の補足効果が大きい。　（　　　　）

④脂質・ビタミンB群や鉄に富み，内臓にはビタミン類や無機質が特に多い。熟成することでおいしくなる。　　　　　　　　　（　　　　）

語群
a．肉類
b．大豆・大豆製品
c．卵
d．魚介類

☑ キーワード
①1分子のグリセリンに3分子の脂肪酸が結合したもの。　　　（　　　　　　　　）
②炭素の鎖のなかに，二重結合をもたない（飽和結合）脂肪酸。　（　　　　　　　　）
③炭素の鎖のなかに，二重結合をもつ脂肪酸。　　　　　　　　　（　　　　　　　　）
④体内で合成できないため，食物から摂取しなければならない脂肪酸。（　　　　　　　　）
⑤体内で必要量を合成できないアミノ酸。　　　　　　　　　　　（　　　　　　　　）
⑥別のたんぱく質と組み合わせることで栄養価が高まること。（　　　　　　　　）

学習の自己評価

評価項目	A	B	C	評価
脂質	脂質の働きや多く含む食品について説明することができる。	脂質の働きや多く含む食品について理解できている。	脂質の働きや多く含む食品について十分理解できていない。	
たんぱく質	たんぱく質の働きや多く含む食品について説明することができる。	たんぱく質の働きや多く含む食品について理解できている。	たんぱく質の働きや多く含む食品について十分理解できていない。	

Memo

Home economics
20

Memo

無機質（ミネラル），ビタミン，し好食品と健康増進のための食品

1 **無機質**　次の表の空欄にあてはまる語句を記入しよう。また，多く含む食品を下記の語群ア〜クより選び記号で記入しよう。　知・技

種類	働きと特徴	多く含む食品
ナトリウム	体液の①（　　　　　　　），体内の物質輸送を調節，とり過ぎは②（　　　　　　　）の発症と関連	
カリウム	体液の浸透圧，③（　　　　　　　）の機能を調節，高血圧の④（　　　　　）効果がある	
カルシウム	骨・⑤（　　　　）の成分，神経調節，血液凝固に関与	
マグネシウム	骨・歯の成分，⑥（　　　　　）の活性化	
リン	骨・歯の成分，⑦（　　　　　　　）代謝に関与	
鉄	⑧（　　　　　　）の成分，欠乏すると⑨（　　　　　）になる	
亜鉛	⑩（　　　　　）の成分，欠乏すると⑪（　　　　　）を起こす	
ヨウ素	⑫（　　　　　）ホルモンの成分	

語群　　ア．海藻類　　イ．食塩　　ウ．牛乳・小魚・海藻類　　エ．乳製品・穀類・魚類
　　　　オ．いも・野菜・果物類　　カ．肉・魚・緑黄色野菜　　キ．肉・赤身魚・緑黄色野菜
　　　　ク．肉・魚・牛乳・玄米

TRY　骨粗しょう症は高齢者に多く，骨折しやすくなった状態をいう。予防するためにはどのようにすればよいか考えてみよう。　主

2 **ビタミン**　次の表の空欄にあてはまる語句を記入しよう。また，多く含む食品を下記の語群ア〜オより選び記号で記入しよう。　知・技

	種類	働きと特徴	多く含む食品
脂溶性	ビタミンA	成長促進，①（　　　　　　）維持，粘膜の保護　欠乏症は②（　　　　　　），乾燥性眼炎	
	ビタミンD	③（　　　）の形成，欠乏症は④（　　　　　　　），骨軟化症	
水溶性	ビタミンB₁	⑤（　　　　　　）代謝に関与，神経機能の調節　欠乏症は⑥（　　　　　　），神経障害	
	ビタミンB₂	成長促進，⑦（　　　　　　　）代謝に関与　欠乏症は⑧（　　　　　）・発育障害	
	ビタミンC	細胞間結合組織の保持，⑨（　　　　　　）機能の強化　欠乏症は⑩（　　　　　），皮下出血	

語群　　ア．胚芽米・豚肉・豆類　　イ．緑黄色野菜・卵黄・うなぎ　　ウ．魚肉・レバー・きのこ類
　　　　エ．野菜（生）・果物・いも類　　オ．卵黄・肉・レバー・牛乳

TRY どのような食品にどのようなビタミンが添加されているか調べてみよう。主

食品		添加物	

3 健康増進のための食品　次の各問いに答えよう。

問1　次の表の（　　）にあてはまる語句を記入しよう。知・技

食品名		対象	手続き
①（　　　　　　）食品		乳児，幼児，妊産婦，えん下困難者などの利用を目的とした食品。	⑤（　　　　）の許可が必要。
保健機能食品	②（　　　　　　）食品	特定の保健の効果が科学的に証明されている食品。	
	③（　　　　　　）食品	ビタミン類13種，ミネラル類6種，脂肪酸1種。	国が定めた規格基準に適合し，定められた表示をすれば許可は⑥（　　　　）。
	④（　　　　　　）食品	事業者の責任で科学的根拠をもとに機能性を表示するとして届け出られた食品。	⑦（　　　　）に届け出をおこなう。

問2　サプリメントを利用する場合，注意が必要なことは何か考えよう。思・判・表

TRY いろいろな種類の香辛料の特徴を調べてみよう。主

─ ✓ キーワード ───────────

①食塩の成分。体液の浸透圧の維持など，生きていくために不可欠な栄養素。

（　　　　　　　　）

②赤血球中のヘモグロビンの成分で，酸素の運搬に重要な働きをしている栄養素。　（　　　　　）

③細胞分裂に不可欠な栄養素。欠乏すると味覚障害を起こすことがある。　　（　　　　　）

④油に溶けるビタミン。過剰に摂取すると過剰症を生じることがある。

（　　　　　　　　）

⑤乳児，幼児，妊産婦，えん下困難者などの利用を目的とした食品。（　　　　　）

⑥特定の保健の効果が科学的に証明されている食品。（　　　　　）

≡➤学習の自己評価

評価項目	A	B	C	評価
無機質(ミネラル)，ビタミン	無機質・ビタミンの働きや多く含む食品について説明することができる。	無機質・ビタミンの働きや多く含む食品について理解できている。	無機質・ビタミンの働きや多く含む食品について十分理解できていない。	
し好食品や健康増進のための食品	し好食品・健康増進のための食品について説明できる。	し好食品・健康増進のための食品について理解できている。	し好食品・健康増進のための食品について十分理解できていない。	

実験の記録用紙

実験 おいしく感じる食塩濃度を確認しよう

月　　　日

教科書 p.108

用意するもの
- 食塩濃度0.5%, 0.6%, 0.7%, 0.8%, 0.9%, 1.0%くらいのすまし汁
- デジタル表示式塩分計

方　法
❶デジタル表示式塩分計を用い, それぞれの食塩濃度のすまし汁をつくろう。
❷すまし汁を飲んで (味わって) みよう。どの濃度のすまし汁をおいしく感じるか確認しよう。

デジタル表示式塩分計の使い方(例)

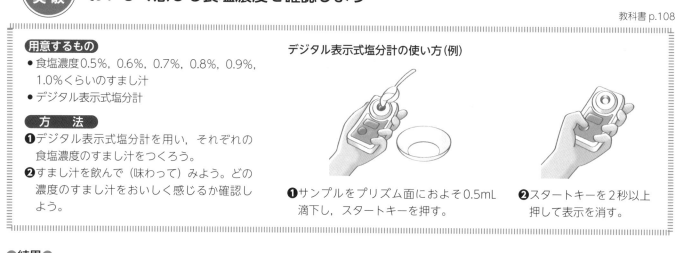

❶サンプルをプリズム面におよそ0.5mL滴下し, スタートキーを押す。

❷スタートキーを2秒以上押して表示を消す。

●結果●

食塩濃度	味わった感想
0.5%	
0.6%	
0.7%	
0.8%	
0.9%	
1.0%	

感想	評価

年	組	番	名前		

実験 ビタミンCの検出をしよう

月　　日

教科書 p.109

用意するもの （実験に使う薬品，器具，調べる食品）
- 薬　品：うがい薬 (ヨウ素がはいっているもの)
- 器　具：計量カップ，コップ，おろしがね，ガーゼ，ピペット
- 調べる食品の例：果物 (レモン，グレープフルーツ，りんごなど)，野菜 (トマト，きゅうり，だいこん，じゃがいもなど)，
　　　　　　　　　ジュース，ペットボトルのお茶など

方　法
❶調べる食品の準備をする。
- レモン，グレープフルーツ，トマトなどはそのまま絞る。
- りんご，きゅうり，だいこん，じゃがいもなどは，おろしがねですりおろしてガーゼで絞る。

❷うがい薬5mLを500mLの水に入れて，ビタミンC検出液をつくり，50mLずつコップに入れる。

❸❶で用意した調べたい溶液をピペットで❷に1滴ずつ加え，混ぜる。

❹ビタミンC検出液中のヨウ素はビタミンCと反応すると無色に変化するため，検出液の色が薄くなっていけば，食品の溶液にビタミンCが含まれているということである。色が消えるまでに何滴入れたかでビタミンC量の多少を確認することができる。

●結果●

調べた食品	滴数	調べた食品	滴数

感想	評価

Memo

食品の選択と保存，食品の安全と衛生

1 **食品の選び方** 次の（　）に適語を入れて表を完成させよう。 知・技

生鮮食品	選ぶポイント
野菜	葉が①（　　　　）として，②（　　　　）があり，③（　　　　）がよく④（　　　）していないなど，収穫後時間がたっていないもの，あるいは保存方法がしっかりしたものがよい。野菜によって異なるが，⑤（　　）や根がしっかりしたもの，⑥（　　　　）が新鮮であるものなどがよい。
根菜類	くさった部分がないもの。じゃがいもなどは，⑦（　　）の出たものや⑧（　　　）した部分がないもの。
果物	⑨（　　）の色つやがよく，傷がないもの。
魚介類	⑩（　　）が澄み，うろこや尾につやがあり，えらが赤いもの。不快臭のないもの。

2 **食品表示** 加工食品の表示について次の問いに答えよう。 知・技

問1 消費者が安全で目的に合った食品を選択できるよう，食品の表示について定めた法律は何か。

（　　　　　　）法

問2 消費期限と賞味期限を比較し，（　）に適語を入れよう。

	消費期限	賞味期限
対象	①（　　　　）などのいたみ②（　　　　）食品	⑤（　　　　）などのいたみ⑥（　　　　）食品
意味	③（　　　　）食べられる期限	⑦（　　　　）食べられる期限
その他	④（　　　　　　）でも購入後の管理に気をつける	⑧（　　　）か月以上長期保存できる場合は⑨（　　　　）だけの表示でもよい

問3 アレルギー表示が義務づけられている食品を8つあげよう。

問4 栄養成分の表示義務のある5項目をあげよう。

問5 日本農林規格に定められた規格を満たす食品などにつけられるマークは何か。

（　　　　　　）マーク

TRY 昨日食べた加工食品を思い出して書き出してみよう。 主

TRY 食品についたマークを探して意味を確認してみよう。 思・判・表

3 **食品添加物** 次の文の（　）に適語を入れよう。 知・技

　食品の製造過程において，加工・保存などの目的で添加されるものを①（　　　　　　　　　）といい，さまざまな目的で使用される。保存料，②（　　　　　　　）剤，③（　　　　　）防止剤のように「食品の品質低下防止」のためのもの，豆腐凝固剤，乳化剤，④（　　　　　）剤のように「食品の⑤（　　　　）に必要」なものがある。また，品質改良剤，⑥（　　　　　　　　）剤のように「食品の品質向上」のため，「食品の栄養価補強」のため，発色剤，漂白剤，甘味料，⑦（　　　　　　）料，調味料などのように「食品の⑧（　　　　　　）や⑨（　　　　　　　）の向上」などのために使用される。

4 **食中毒の種類と予防法** 食中毒のおもな原因①〜③を答え，以下の問いに答えよう。 知・技

①梅雨時期や夏場にかけて発生率が高い食中毒。　　　　　　　（　　　　　　）性食中毒

②空気の乾燥する冬季によく発生する。　　　　　　　　　　　（　　　　　　）性食中毒

③遠隔地で水揚げされた魚介類の生食が可能になったことから増加。（　　　　　　）による食中毒

問1　食中毒の予防3原則を答えよ。

| 原因菌を（　　　　　　　　），（　　　　　　　　　　），（　　　　　　　　　）することが重要である。 |

問2　食中毒の原因について，下記の語群から関連するものを選び，記号で答えなさい。

細菌
感染型 ①サルモネラ菌（　　　），②腸炎ビブリオ（　　　），
③ウェルシュ菌（　　　），④カンピロバクター（　　　）
毒素型 ⑤ボツリヌス菌（　　　），⑥腸管出血性大腸菌（　　　），⑦黄色ぶどう球菌（　　　）

ウイルス　　⑧ノロウイルス（　　　）

寄生虫　　　⑨アニサキス（　　　）

自然毒　　　⑩ソラニン（　　　），⑪テトロドトキシン（　　　），⑫アルカロイド類（　　　）

化学物質　　⑬ヒスタミン（　　　）

語群　　A．毒きのこ　B．卵，食肉　C．ふぐ　　　D．さば，かつお　　E．二枚貝
　　　　F．とり肉　　G．カレー　　H．じゃがいもの芽　I．びん詰，缶詰
　　　　J．おにぎり　K．海産魚介類　L．ハンバーグ　　M．赤身の魚

✓ キーワード

①原材料から生産・消費までの全過程を通して，危害の原因そのものを排除する徹底した衛生管理システムのこと（アルファベットで）。　　　　　　　（　　　　　　　　　）

②食品の安全性確保のために，飲食による衛生上の危害発生防止を目的とした法律。
　　　　　　　　　　　　　　　　　　　　　　　　（　　　　　　　　　）

③病原性の微生物や有毒な動植物，化学物質などを食べて起こる急性の健康障害。（　　　　　　　　　）

学習の自己評価

評価項目	A	B	C	評価
食品の選択と保存	食品の選び方を説明でき，表示を正しく読み取ることができる。	食品の選び方や表示の見方が理解できている。	食品の選び方や表示の見方が十分理解できていない。	
食品の安全と衛生	安全に食生活を送るための具体的行動ができる。	食品添加物や食中毒について理解できている。	食品添加物や食中毒について十分理解できていない。	

22

Memo

栄養バランスのよい食事

1 食事摂取基準　次の表の（　）に適語を入れて整理しよう。　知・技

食事摂取基準……国民の①（　　　　　　　　）の保持・増進，②（　　　　　　　　　　　）の予防のために参照する③（　　　　　　　　）および④（　　　　　　　　）の摂取の基準を示す。	
⑤（　　　　　　　　　　　　　　）	対象集団50%が必要量を満たすと考えられる指標
⑥（　　　　　　），（　　　　　　）	良好な栄養状態を保つための指標
⑦（　　　　　　　　）	過剰症の予防のための指標
⑧（　　　　　　）	生活習慣予防のための指標

TRY　調理実習「ちりめんじゃことレタスのチャーハン」の栄養摂取量の合計は，下の表のとおりである。「日本人の食事摂取基準」にある栄養指標の3分の1の数値を自分の「1食分のめやす」として栄養摂取比率を計算し，下表とレーダーチャートを完成させよう。また，足りない栄養素を確認し，どんなものを食べたら栄養バランスがよくなるか，考えてみよう。主

	エネルギー	たんぱく質	カルシウム	鉄	ビタミンA	ビタミンB₁	ビタミンB₂	ビタミンC
単位	kcal	g	mg	mg	μgRAE	mg	mg	mg
栄養摂取量合計	486	10.7	85	1.0	88	0.12	0.15	4
1食分のめやす								
栄養摂取比率								

（レーダーチャート：エネルギー，たんぱく質，カルシウム，鉄，ビタミンA，ビタミンB₁，ビタミンB₂，ビタミンC　目盛り 0・50・100）

足りない栄養素
加えたほうがよい料理（食品）

2 1日に必要とする栄養素とエネルギーの摂取量　下記の問いに答えよう。

問1　エネルギーは，年齢，性別だけでなく身体活動レベル（Ⅰ：低い，Ⅱ：ふつう，Ⅲ：高い）によって，推定必要量が示されている。あなたの摂取量の基準を，表中に記入しよう。　知・技

年齢	身体活動レベル	推定エネルギー必要量（kcal／日）	脂質　目標量（%エネルギー）	炭水化物　目標量（%エネルギー）
〜　歳				

年	組	番	名前	

問２　推定エネルギー必要量が2,500kcalで，脂質の摂取目標量を25（%エネルギー）とした場合，脂質の１日の摂取目標量は何gになるかを計算してみよう（エネルギー換算係数は9kcal/gとする）。**思・判・表**

計算式		答え	g

問３　あなたの身体活動レベルに合わせた食事摂取基準の推定エネルギー必要量で，脂肪の摂取目標量を20（%エネルギー）とした場合，１日に脂質が何g必要かを計算してみよう。**思・判・表**

計算式		答え	g

3 日本食品標準成分表と栄養価計算

次の食品を食べた場合，脂質を何g摂取することになるか，計算してみよう。答えは小数第２位を四捨五入すること。**思・判・表**

食品名	分量（g）	可食部100 g あたりの脂質（g）	計算式	答え
マヨネーズ	10 g（サラダ１食分）	マヨネーズ（全卵型）72.5		g
アイスクリーム	120 g（１カップ）	アイスクリーム（高脂肪）10.8		g
マーガリン	10 g（食パン１枚にぬる量）	マーガリン（ソフトタイプ）78.9		g
ポテトチップス	60 g（１袋）	ポテトチップス（成形）28.8		g

※脂質には脂肪酸のトリアシルグリセロール当量を用いている。

check キーワード

①健康な個人ならびに集団を対象として，国民の健康の保持・増進，生活習慣病の予防のために参照するエネルギーおよび栄養素の摂取量の基準を示すもの。
（　　　　　　　　　　）

②日常生活によく利用する食品について，可食部100gあたりの標準的なエネルギー量と栄養素量が，成分値として示されたもの。（　　　　　　　　　　）

③推定エネルギー必要量の算出にも使用される，日常生活の平均的な活動の強度を表した指標。
（　　　　　　　　　　）

学習の自己評価

評価項目	A	B	C	評価
食事摂取基準	健康を保つには，どれだけのエネルギーや栄養素を摂取すればよいかを考えることができる。	１日に必要とするエネルギーや栄養素の表の見方が理解できている。	１日に必要とするエネルギーや栄養素の表の見方が十分理解できていない。	
食品成分表と栄養価計算	食品成分表と食事摂取基準を用いて，エネルギーや栄養素の過不足を評価できる。	食品の栄養的特徴について理解できている。	食品の栄養的特徴について十分理解できていない。	

Memo

23 食品群と摂取量のめやす，ライフステージと食事

Memo

1 食品群の分類　次の問いに答えよう。

問1　次の文の（　　）に適語を入れて完成させよう。 知・技

　それぞれの食品に含まれる成分量が違うことから，摂取する栄養素量の①（　　　　　　　　）を考えるために，食品に多く含まれる成分の特徴によっていくつかに分類する。これを②（　　　　　　　　）という。②（　　　　　　　）の分け方でよく使われているものには次の3つがある。

　③（　　　　　　　　　）は最も簡単なもので，学校給食でも使用されている。④（　　　　　　　　　）は，3つをさらにくわしく分類したもので，小学校・中学校の家庭科で学習している。⑤（　　　　　　　　　　）も使いやすいものとして，広く利用されている。

問2　「4つの食品群の食品群別摂取量のめやす」について，（　　）に適語を入れて完成させよう。

　　摂取量のめやすは，自分の身体活動レベルと年齢，性別のものを記入すること。 知・技

＜身体活動レベル〔　　　　　〕　　年齢〔　　　　　〕歳　　性別〔　　　　　　〕＞

食品群	第1群		第2群	
	乳・乳製品	①（　　　　）	魚介・②（　　　）	豆・豆製品
摂取量のめやす（g）				
働き	栄養を③（　　　　　）にする		④（　　　　　　）や血をつくる	
食品群	第3群			第4群		
	⑤（　　　　）	⑥（　　　　） 果物	⑦（　　　　）	⑧（　　　　） 砂糖
摂取量のめやす（g）				
働き	体の⑨（　　　　　　）をよくする		おもに⑩（　　　　　　　）となる	

※⑤（　　　　　　）は，⑪（　　　　　　），⑫（　　　　　　）類を含む。
　また，1/3以上は⑬（　　　　　　　　）でとることとする。

2 家族の食事　次の問いに答えよう。 知・技

問1　次の文の（　　）に適語を入れて完成させよう。

　家族の食事は，さまざまなライフステージの人がとるものであるので，それぞれの人に応じた配慮が必要になる。同じ食材でも①（　　　　　　　）を変える，また，同じ料理でも②（　　　　　　　　）の量，③（　　　　　　　　）の仕方を変える，成長期の人には1品つけ加えるなどの工夫をする。

問2　次のライフステージについて，その特徴を語群から選び，記号で答えよう。

①幼児期・児童期（　　　　　　　）　　②青年期（　　　　　　　）　　③壮年期（　　　　　　　）

④高齢期（　　　　　　　）　　⑤妊娠期・授乳期（　　　　　　　）

語群

A　3回の食事では栄養素を補えないため，おやつの内容も工夫する。

B　エネルギー量や食塩量の過剰摂取に注意する必要はあるが，体重の増え過ぎを気にしてエネルギー量を抑え過ぎることは，低出生体重児の出産にもつながり，子どもの健康にも影響を与える。

年	組	番	名前	

C　体格の割には多くの栄養素を必要とする。

D　食欲も旺盛で，食事の内容に気をつけてかたよりのないようにする。

E　身体能力，活動量や食欲が低下することから，食事量が減少し，病気に対する抵抗力や治癒能力も低下するため，栄養のバランスには気をつける必要がある。

F　筋肉や骨をつくるたんぱく質やカルシウムなどの無機質，ビタミンを十分に摂取する。

G　成長がさかんで活動も活発であり，必要とする栄養素の量は最も多い。

H　健康を次世代につなぐ大切な時期である。特に良質のたんぱく質とカルシウム，ビタミンの摂取に注意する。

I　必要以上のエネルギーの摂取は肥満につながりやすく，食事への無関心による栄養失調の例も見られる。

J　食べやすく調理することが大切で，味覚がにぶくなり，味つけが濃くなりやすいので，注意する。

K　この時期の栄養摂取が壮年期・高齢期の健康にも影響することを配慮して，適切な食事習慣を身に着ける時期である。

L　生活が忙しくなる時期でもあり，食事に無関心になりやすい。

TRY　家族の食事の工夫を考えてみよう（親，高校生，小学生，祖母の家族構成の場合）。主

check ✓ キーワード

①食品に多く含まれる成分の特徴によって分類したものを何というか。　　　（　　　　　　　）

②各食品群の食品をどのくらい食べればよいかを示したもの。それらの食品で食事を組み立てることによって，かたよりなく栄養素を摂取できる。　（　　　　　　　　）

③「主食・主菜・副菜を基本に食事のバランスを」という食生活指針にもとづいて，料理例と概量が示してある指標。健康づくり，生活習慣病の予防，食料自給率の向上につなげていくことを目的としている。　　　（　　　　　　　　）

学習の自己評価

評価項目	A	B	C	評価
食品群別摂取量のめやす	食品群ごとの栄養的特徴と，自分や家族の摂取量がわかっている。	食品群の分類を理解し，身近な食品を分類することができる。	食品の分類が十分理解できていない。	
ライフステージと食事	ライフステージによって食事がどのように変わるかを理解し，食事づくりに生かすことができる。	ライフステージによって必要な栄養やし好が異なることが理解できている。	ライフステージによって必要な栄養やし好が異なることが十分理解できていない。	

Memo

67

Memo

献立作成の手順，調理の基本

1 献立作成の手順　家族4人が「季節は秋」「比較的時間のある平日の朝」に食べる朝食の献立を考え，献立名とおもな材料を〇のなかに，記入しよう。下記の点も考えてみよう。 思・判・表

副菜

主菜

副菜

主食
ごはん

汁物

※「主食は米」「主菜は魚」「副菜は野菜やいも類」を中心とした一汁三菜で考えてみよう。

● 秋の旬の素材が入っているだろうか。

● 調理方法に変化がついているだろうか。

● 味に変化がついているだろうか。

● いろどりに変化がついているだろうか？

● テクスチャー（食感）に変化がついているだろうか？

TRY　朝食，間食，夕食を教科書の献立と想定し，「栄養的に1日のめやす量に近づく昼食」の献立を立ててみよう。家庭でつくって食べるのではなく，外食または中食2品で考えよう。 思・判・表

献立	材料	第1群		第2群		第3群			第4群		
		乳・乳製品	卵	魚介・肉	豆・豆製品	野菜	いも	果物	穀類	油脂	砂糖
昼食											

年	組	番	名前	

2 調理の基本　次の問いに答えよう。　知・技

問1　できることには〇，できないことには×を【　】に記入しよう。（　）には語句を記入しよう。

●包丁の使い方・正しい姿勢・正しい持ち方を知っている。【　　】

●塩分を調味する食品を3つあげられる。①（　　　　　　）②（　　　　　　）③（　　　　　　）

●糖分を調味する食品を2つあげられる。④（　　　　　　）⑤（　　　　　　）

●計量スプーン，計量カップが使える【　　　】

●正しい箸の持ち方，ナイフ・フォークの持ち方を知っている。【　　　】

●ナイフとフォークを使った西洋料理を食べ終わったときにどのように置くか知っている。【　　　】

問2　次の料理の調理法を下記の語群から選び，記号で答えよう。

えびの天ぷら　　　肉まん　　　　餃子　　　　杏仁豆腐　　　青椒肉絲　　　肉じゃが

①（　　　　）②（　　　　）③（　　　　）④（　　　　）⑤（　　　　）⑥（　　　　）

語群	a.炒める　b.焼く　c.揚げる　d.ゆでる　e.蒸す　f.煮る　g.あえる　h.寄せる

問3　日本料理と西洋料理について，主菜の盛りつけ方のポイントを答えよう。

日本料理の場合　　　　　　　　　　　　　西洋料理の場合

問4　してはいけない箸の使い方の名称を答えよう。

①（　　　　　）②（　　　　　）③（　　　　　）④（　　　　　）

どれを食べよう
かと箸をうろう
ろさせる

箸を器の上に
渡すように置く

箸で器を
引き寄せる

料理を突き刺す

✓ キーワード

①食卓に並べる料理の種類や内容，それを供する順序やメニューのこと。（　　　　　　）

②飯と汁とおかず3品からなる献立のこと。（　　　　　　）

③食品に調味料を加え，味つけをすること。（　　　　　　）

学習の自己評価

評価項目	A	B	C	評価
献立作成の手順	栄養素の充足以外にも，献立作成においてどのような工夫をすればよいかを知っている。	栄養バランスのとれた献立作成について理解できている。	栄養バランスのとれた献立作成について十分理解できていない。	
調理の基本	食材を無駄なく使い，電気などのエネルギーの節約も心がけた調理計画を立てることができる。	おいしい料理を食べるには，どのような手順で料理を進めたらよいか，理解できている。	おいしい料理を食べるには，どのような手順で料理を進めたらよいか，十分理解できていない。	

調理実習記録用紙①

調理実習名

実習のねらい	盛りつけ・配膳図		栄養計算	
			エネルギー：	kcal
			たんぱく質：	g
			脂質：	g
			塩分：	g
			1食分の価格	円
			所要時間	分

■食品群別摂取量

献立名 / 材料	分量	第1群		第2群		第3群				第4群			その他
食品群		乳・乳製品	卵	魚介・肉	豆・豆製品	野菜 緑黄色	野菜 淡色	いも	果物	穀類	油脂	砂糖	
合計量　A													
1食分のめやす　B													
過不足　A－B													

年	組	番	名前	

■作業手順と要点整理

調理のポイント	使用する調理器具

作業の手順

時間配分	0	10	20	30	40	50	60	70	80	90 (分)

うまくできた点・失敗した点	自己評価

	大変よい	よい	ふつう	やや劣る	劣る
計画・準備	●	●	●	●	●
作業の手順	●	●	●	●	●
分担・協力	●	●	●	●	●
調理技術	●	●	●	●	●
盛りつけ	●	●	●	●	●
味・できばえ	●	●	●	●	●
あとかたづけ	●	●	●	●	●

感想	評価

調理実習記録用紙②

調理実習名	

実習のねらい	盛りつけ・配膳図	栄養計算	
		エネルギー：	kcal
		たんぱく質：	g
		脂質：	g
		塩分：	g
		1食分の価格	円
		所要時間	分

■食品群別摂取量

献立名 材料＼食品群	分量	第1群		第2群		第3群				第4群			その他
		乳・乳製品	卵	魚介・肉	豆・豆製品	野菜 緑黄色	淡色	いも	果物	穀類	油脂	砂糖	
合計量　A													
1食分のめやす　B													
過不足　A－B													

■作業手順と要点整理

調理のポイント	使用する調理器具

作業の手順

時間配分	0	10	20	30	40	50	60	70	80	90 (分)

うまくできた点・失敗した点

自己評価

	大変よい	よい	ふつう	やや劣る	劣る
計画・準備	●	●	●	●	●
作業の手順	●	●	●	●	●
分担・協力	●	●	●	●	●
調理技術	●	●	●	●	●
盛りつけ	●	●	●	●	●
味・できばえ	●	●	●	●	●
あとかたづけ	●	●	●	●	●

感想

評価

調理実習記録用紙③

調理実習名

実習のねらい	盛りつけ・配膳図		栄養計算	
			エネルギー：	kcal
			たんぱく質：	g
			脂質：	g
			塩分：	g
			1食分の価格	円
			所要時間	分

■食品群別摂取量

献立名／材料　食品群	分量	第1群 乳・乳製品	第1群 卵	第2群 魚介・肉	第2群 豆・豆製品	第3群 野菜 緑黄色	第3群 野菜 淡色	第3群 いも	第3群 果物	第4群 穀類	第4群 油脂	第4群 砂糖	その他
合計量　A													
1食分のめやす　B													
過不足　A－B													

■作業手順と要点整理

調理のポイント	使用する調理器具

作業の手順									

時間配分	0	10	20	30	40	50	60	70	80	90 (分)

うまくできた点・失敗した点	自己評価

自己評価

	大変よい	よい	ふつう	やや劣る	劣る
計 画・準 備	●	●	●	●	●
作 業 の 手 順	●	●	●	●	●
分 担・協 力	●	●	●	●	●
調 理 技 術	●	●	●	●	●
盛 り つ け	●	●	●	●	●
味・で き ば え	●	●	●	●	●
あ と か た づ け	●	●	●	●	●

感想	評価

調理実習記録用紙④

調理実習名	

実習のねらい	盛りつけ・配膳図	栄養計算
		エネルギー：　　　　kcal たんぱく質：　　　　g 脂質：　　　　g 塩分：　　　　g 1食分の価格　　　　円 所要時間　　　　分

■食品群別摂取量

献立名 / 材料	分量	第1群 乳・乳製品	第1群 卵	第2群 魚介・肉	第2群 豆・豆製品	第3群 野菜 緑黄色	第3群 野菜 淡色	第3群 いも	第3群 果物	第4群 穀類	第4群 油脂	第4群 砂糖	その他
合計量　A													
1食分のめやす　B													
過不足　A－B													

年	組	番	名前		

■作業手順と要点整理

調理のポイント	使用する調理器具

作業の手順

時間配分	0	10	20	30	40	50	60	70	80	90 (分)

うまくできた点・失敗した点	自己評価

	大変よい　よい　ふつう　やや劣る　劣る
	計画・準備
	作業の手順
	分担・協力
	調理技術
	盛りつけ
	味・できばえ
	あとかたづけ

感想	評価

調理実習記録用紙⑤

調理実習名

実習のねらい	盛りつけ・配膳図		栄養計算	
			エネルギー：	kcal
			たんぱく質：	g
			脂質：	g
			塩分：	g
			1食分の価格	円
			所要時間	分

■食品群別摂取量

献立名 材料＼食品群	分量	第1群		第2群		第3群				第4群			その他
		乳・乳製品	卵	魚介・肉	豆・豆製品	野菜 緑黄色	淡色	いも	果物	穀類	油脂	砂糖	
合計量　A													
1食分のめやす　B													
過不足　A－B													

■作業手順と要点整理

調理のポイント	使用する調理器具

作業の手順

時間配分	0	10	20	30	40	50	60	70	80	90 (分)

うまくできた点・失敗した点 / 自己評価

	大変よい	よい	ふつう	やや劣る	劣る
計画・準備	●	●	●	●	●
作業の手順	●	●	●	●	●
分担・協力	●	●	●	●	●
調理技術	●	●	●	●	●
盛りつけ	●	●	●	●	●
味・できばえ	●	●	●	●	●
あとかたづけ	●	●	●	●	●

感想 / 評価

5章 食生活をつくる

◆1 人の一生と食事

(1) 次の下線部について，正しいものには○を，誤っているものは，正しい語句に訂正しなさい。

①朝食には，体のリズムをつくる，体温を上昇させるなどの役割がある。

②高校生のころの食生活は，バランスが乱れていても今後の健康に影響はない。

③日本のPFC比率は，諸外国と比較するとバランスがよい。

④日本の食料自給率は，近年大幅に上昇している。

①	②
③	④

◆2 栄養と食品

(1) 次の文の（ ）にあてはまる語句を選んで，正しい方を○で囲もう。

炭水化物は，消化酵素によって分解される①（ 多糖類 ・ 糖質 ）と，分解されにくい②（ 食物繊維 ・ セルロース ）とに分けられる。糖質は，1gあたり約③（ 4 ・ 9 ）kcalのエネルギーを生じる。

(2) ①〜④のミネラル・ビタミンの説明として適する文を選んで，線で結ぼう。

①カルシウム ・　　　　　　　　・ ア．抗酸化物質。細胞間結合組織の保持，免疫機能の強化などの働きをする。

②鉄 ・　　　　　　　　　　　　・ イ．歯や骨の成分。神経調節，血液凝固などに関与している。

③ビタミンC ・　　　　　　　　・ ウ．成長促進，視力維持などの働きをする。緑黄色野菜に多く含まれる。

④ビタミンA ・　　　　　　　　・ エ．赤血球の成分。欠乏すると貧血を起こす。

◆3 食生活の安全のために

(1) 食品表示法によりアレルギー表示が義務づけられている8品目のうち，小麦，かに，そば，落花生以外の4つをすべて書きなさい。

(2) 食中毒を防ぐために重要なことを書きなさい。

◆4 食生活をデザインする

(1) 青年期の人の献立を考える場合に気をつけたいことは何だろうか。

年	組	番	名前	

◉この単元で学んだこと，できるようになったことをまとめてみよう。

◉この単元で学んだことで，引き続き調べてみたいこと，学びを深めたいことをまとめてみよう。

◉この単元で学習したことを活かして，今の生活のなかで改善できそうなことをみつけてみよう。

◉具体的な実践内容，解決方法を考えてみよう。

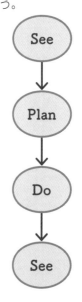

See

Plan

Do

See

Note

Note

Note

6章 衣生活をつくる

被服は私たちの暮らしになくてはならないものである。被服の様式がどのように変化してきたのか，何からどのようにつくられているのか，どのように洗濯し管理すればよいのかなどについて学んでいこう。

Check point	NO		← →		YES
1 自分らしい服装について考えたことがある	1	2	3	4	5	6
2 既製品を購入するときは，組成や取り扱い表示を確認している	1	2	3	4	5	6
3 被服によるトラブルがあることを知っている	1	2	3	4	5	6
4 ボタンつけやすそまつりなどの簡単なつくろいができる	1	2	3	4	5	6
5 被服の保管や収納は自分でおこなっている	1	2	3	4	5	6
6 和服を着用する風習を知っている	1	2	3	4	5	6
7 着用しなくなった被服をごみにしないように工夫している	1	2	3	4	5	6

●被服の洗濯や管理，既製服の購入において成功または失敗した例をあげてみよう。

・成功例

・失敗例

●衣生活に関することで興味のあること，できるようになりたいことなどを書いてみよう。

・興味があること

・できるようになりたいこと

Memo

私たちと衣生活，被服の機能—保健衛生上の機能

TRY 自分の持っている被服の枚数を服種（アイテム）ごとに分けて数えてみよう。 思・判・表

服種（アイテム）	枚数	よく着る枚数	着る予定のない枚数
半そでのTシャツ類			
長そでのTシャツ類			
半そでのシャツ類			
長そでのシャツ類			
カーディガン・セーター			
コートなどの上着類			
ズボン			
スカート			

TRY 衣生活の自立度をチェックしてみよう。 思・判・表

☐自分のサイズを知っている。
☐自分の持っている被服をすべて把握している。
☐はずれたボタンをつけることができる。
☐暑いとき，寒いときに被服で調節し，
　できるだけ冷暖房に頼りすぎないようにしている。

☐既製品を購入するときは，必ず試着している。
☐たまには自分で洗濯することがある。
☐洗濯後の被服は，自分で収納している。
☐ＴＰＯに配慮した服装ができる。

1 **ライフステージと衣生活**　次の語群のことばを用いて，ライフステージごとの衣生活の留意点をまとめよう。 知・技

語群　　動きを妨げない　　生活習慣の自立　　着脱しやすい　　衣生活の自立　　ＴＰＯ　　体型の変化

乳幼児期	
児童期 青年期	
壮年期	
高齢期	

TRY 人が裸で何も着ていない場合，暑くも寒くもなく，ちょうどいい（＝快適）と感じる気温はどのくらいだろうか，予想してみよう。主

2 被服の保健衛生上の機能 （　）にあてはまる語句を記入しよう。 知・技

①（　　　　　　　　　）の補助	被服をまとうことによって②（　　　　　　　　　）を一定に保つ。被服と皮膚の間にできる空気層（③（　　　　　　　　　））の環境は，温度④（　　　　　　　）℃，相対湿度⑤（　　　　　　　）％が快適とされる。
皮膚表面の⑥（　　　　　　　）の補助	皮膚表面の⑦（　　　　　　　）や⑧（　　　　　　　）を吸着して皮膚を清潔に保つ。
⑨（　　　　　　　）の保護	汚れ，害虫，⑩（　　　　　　　）などから体を保護する。
⑪（　　　　　　　）への適応	仕事や運動，睡眠や休息など，さまざまな⑫（　　　　　　　）を補助する。

3 被服によるトラブル （　）にあてはまる語句を記入しよう。 知・技

　被服が人体におよぼす悪影響のなかには，アレルギー反応を起こしたり，金属かぶれなどを生じたりすることがあり，これらを①（　　　　　　　）という。

　また，被服圧はかゆみを生じさせ，腫れや色素沈着を起こすほか，肩こりやストレスの原因となることがある。足に合わない靴による圧迫の影響の例では，足の親指がほかの指側に曲がる②（　　　　　　　）や，足の指先が屈曲する③（　　　　　　　）がある。

　身に着けている被服に着火して起こる火災である④（　　　　　　　）や，表面の毛羽に引火し，一瞬で表面を炎が覆う⑤（　　　　　　　）にも注意が必要である。

✓ キーワード

①人体の各部を覆い，包む物の総称。　　　　　　　　　　　（　　　　　　　　）
②時や場所，場合によって，服装や態度などを使い分けること。（　　　　　　　　）
③人がなぜ被服を身につけるようになったのかの説で，諸説ある。（　　　　　　　）
④皮膚と被服の間にできる，外界と異なる温度や湿度の微気候のこと。（　　　　　）
⑤被服によって体が受ける圧力。　　　　　　　　　　　　　（　　　　　　　　）

学習の自己評価

評価項目	A	B	C	評価
衣生活のマネジメント	被服の計画的で効率的な管理に前向きである。	衣生活のマネジメントについて理解できている。	衣生活のマネジメントについて十分理解できていない。	
被服の保健衛生上の機能	環境にやさしく，健康的な衣生活を営むための策をあげることができる。	被服の保健衛生上の機能について理解できている。	被服の保健衛生上の機能について十分理解できていない。	

Memo

被服の機能—社会生活上の機能，被服の選び方

1 被服の社会生活上の機能　次の問いに答えよう。

問1　次の表の（　）にあてはまる語句を記入しよう。　知・技

A	①（　　　　　　）や所属集団の表示	着用者の職業，帰属する②（　　　　　）を示す。
B	社会の③（　　　　　）への順応	④（　　　　　）として受け継がれ，社会生活を円滑に維持する。
C	自己表現	個性を示し，⑤（　　　　　）を表現する。

問2　上記A，Bにあてはまる被服例を挙げよう。　知・技

A	
B	

問3　上記Cの自分らしい服装とは何だろうか。手持ちの被服を思い出してコーディネートを考え，文字や絵で表現してみよう。　思・判・表

2 すべての人が楽しむ衣生活　次の文の（　）にあてはまる語句を，下の語群より選んで記号で記入しよう。　知・技

　一生のうちには，病気やけがで運動機能や感覚が低下し，不自由になることがある。①（　　　）の考え方は被服にも導入され，年齢や障害の有無に関係なく，だれでも快適に着ることができる被服の開発が進み，②（　　　）が楽しめる衣生活の実現がめざされている。

　また，日中と夜間では色の見え方は異なる。反射材や蛍光生地を被服に取り入れることで③（　　　）を確保することが重要である。

　すべての人がおしゃれを楽しみ，自分らしい衣生活を送ることは，④（　　　）の向上につながる。

語群	a　すべての人	b　安全性
	c　生活の質（QOL）	d　ユニバーサルデザイン

年	組	番	名前	

TRY 自分や家族の被服について，素材や原産国の表示を調べてみよう。どんな素材が多いか，また海外からの輸入品はどのくらいあるだろうか。 思・判・表

3 サイズ表示と品質表示 既製服の表示に関する記述について，正しいものには○，正しくないものには×を記入しよう。 知・技

①家庭用品品質表示法にもとづいて，繊維の組成表示，性能表示，洗濯などの取り扱い表示などがつけられている。 （　　）

②品質表示は縫いつけるなどの容易に取れない方法で取りつけることになっている。 （　　）

③サイズ表示はJISによって決められており，被服そのものの寸法で示されている。 （　　）

④同じサイズ表示の被服でもデザインやメーカーによって多少の差が生じることがある。 （　　）

⑤高校生の衣服サイズは成人用による。 （　　）

4 サイズ表示の記号 何のサイズを示しているだろうか。それぞれ記入しよう。 知・技

成人女性

サイズ	
バスト	83
ヒップ	91
身長	158

9R
(①) (②)

① _____
② _____

成人男性

サイズ	
チェスト	92
ウエスト	80
身長	165

92A4
(①) (②)

① _____
② _____

✓ キーワード

①自分の内にあるものを形にして表現すること。 （　　　　）
②被服を組み合わせて，全体的な調和を図ること。 （　　　　）
③人体の形状にあわせて立体的に裁断し，縫製したもの。 （　　　　）
④布を直線的に裁断し，縫製したもの。 （　　　　）
⑤あらかじめ特定のサイズの服を用意しておく既製品の服。 （　　　　）
⑥自分の体にあった服を購入するために必要な表示。 （　　　　）

学習の自己評価

評価項目	A	B	C	評価
被服の社会生活上の機能	被服の社会生活上の機能は，TPOへの配慮が重要なことをよく理解し，実践できる。	被服の社会生活上の機能について理解できている。	被服の社会生活上の機能について十分理解できていない。	
被服の選び方	既製服の表示の意味をよく理解し，既製服を購入するときのめやすにすることができる。	既製服の表示の意味について理解できている。	既製服の表示の意味について十分理解できていない。	

27 被服の素材

Memo

1 繊維の種類と特徴　次の問いに答えよう。

問1　表中の（　）にあてはまる語句を記入しよう。 知・技

分類	繊維名	原料	性質
①（　　　）繊維	綿	⑤（　　　　　）	⑨（　　　　　　）になりやすい。
	麻	亜麻，苧麻などの茎	かたさがあり⑩（　　　　　　）感じる。⑪（　　　　）になりやすい。
	毛	⑥（　　　　）などの毛	ぬれると⑫（　　　　　　）。側面は水をはじく。
	絹	⑦（　　　　）のまゆ	美しい⑬（　　　　）をもつ。⑭（　　　　　）で黄変する。
②（　　　）繊維	レーヨン	木材パルプ	⑮（　　　　　）と極端に弱くなる。
	キュプラ	コットンリンター	レーヨンに比べると，⑯（　　　　）がやさしく，強度がやや大きい。
③（　　　）繊維	アセテート	木材パルプと酢酸	光沢がある。⑰（　　　　）に弱い。
④（　　　）繊維	ポリエステル	⑧（　　　　　）	⑱（　　　　）をおびやすい。
	アクリル		⑲（　　　　）しわになりにくい。
	ナイロン		⑳（　　　　）に弱い。
	ポリウレタン		ゴム状の㉑（　　　　）をもつ。

問2　吸湿性が大きい繊維は何だろうか。繊維名を答えよう。 知・技

問3　吸湿性が大きいということは，着心地にどう影響するだろうか。 思・判・表

TRY どうして紙やフィルムではなく，布が被服の材料として使われているのだろうか。考えてみよう。 主

2 布の種類と特徴

次の表の（　　）にあてはまる語句を記入し，表を完成させよう。また，織物のたて糸の□に色をぬって特徴を確認しよう。 知・技

織物（三原組織）			編物	
平織	斜文織（綾織）	朱子織	よこ編（よこメリヤス）	たて編（たてメリヤス）
たて糸とよこ糸が①（　　　　　）ずつ交互に組み合わされている。	②（　　　　　）に線が入っているように見える。	交錯点が少なく，③（　　　　　）のある美しい布になる。	糸をよこ方向にループ状にして，からみ合わせてつくる。	糸をたて方向にループ状にして，からみ合わせてつくる。

3 素材の改質・加工

被服素材が加工されるのはなぜだろうか。どんな機能が高まるのだろうか，まとめよう。 思・判・表

check
✓ キーワード

①自然界に存在するものを使ってつくった繊維。　　　　　　　　　　（　　　　　　　　）

②人工的につくった繊維。　　　　　　　　　　　　　　　　　　　　（　　　　　　　　）

③天然のセルロースを一度溶解し，再び元のセルロースにつくり替えた繊維。

　　　　　　　　　　　　　　　　　　　　　　　　　　　　　　　　（　　　　　　　　）

④天然のセルロースに化学薬品を作用させてつくった繊維。　　　　　（　　　　　　　　）

⑤石油などの原料から化学的に合成された繊維。　　　　　　　　　　（　　　　　　　　）

⑥たて糸とよこ糸を直角に交錯させてつくられたもの。　　　　　　　（　　　　　　　　）

⑦ループに連続的に糸をからませてつくられたもの。　　　　　　　　（　　　　　　　　）

⑧繊維をからませたり，接着したりしてつくられる。　　　　　　　　（　　　　　　　　）

⮕ 学習の自己評価

評価項目	A	B	C	評価
繊維の種類と特徴	繊維の種類と特徴をよく理解し，季節や場所に応じた被服を選ぶことができる。	繊維の種類と特徴について理解できている。	繊維の種類と特徴について十分理解できていない。	
布の種類と特徴	布の種類と特徴をよく理解し，季節や場所に応じた被服を選ぶことができる。	布の種類と特徴について理解できている。	布の種類と特徴について十分理解できていない。	

28

Home economics

洗濯方法と表示，洗濯のしくみ，被服の手入れと保管

TRY あなたが持っている被服の表示から洗濯方法を考えてみよう。**主**

1 **家庭洗濯等取扱い方法**　次の表のマークに，説明を記入しよう。　知・技

マーク		説明	マーク		説明
（40のマーク）	①		（横棒二本のマーク）	⑥	
（手洗いのマーク）	②		（斜線のマーク）	⑦	
（三角のマーク）	③		（アイロンのマーク）	⑧	
（三角に×のマーク）	④		（Fのマーク）	⑨	
（円に点のマーク）	⑤		（Wに×のマーク）	⑩	

2 **洗濯の方法と洗剤の働き**　次の問いに答えよう。

問1　次の文の（　）にあてはまる語句を記入しよう。　知・技

● 商業洗濯で①（　　　　　　　　　）は，水と②（　　　　　　　　　）を用いて洗う方法で，ワイシャツなどに利用される。水で洗うと損傷が生じやすい被服は，③（　　　　　　　　）を用いて洗濯する④（　　　　　　　　　）という方法がとられる。環境への配慮から，水と⑤（　　　　　　）を用いる⑥（　　　　　　　　　　　）が増加する傾向にある。

● 洗濯用洗剤は，洗剤の主成分である⑦A（　　　　　　　　　　）の種類と配合割合により種類が分けられている。

● 合成洗剤には，⑧（　　　　　　　　　）用の弱アルカリ性洗剤，アルカリに弱い⑨（　　　　　　）用の中性洗剤がある。

● ⑩（　　　　　）洗剤には，助剤や添加物を配合させやすく，⑦（　　　　　　　　）にない性能を加えることができる。⑪（　　　　　）洗剤は，洗濯液に溶けやすい性質がある。

問2　洗剤の作用を答えよう。　知・技

問3　下線部Aの洗剤の種類を記入しよう。　知・技

TRY 教科書の洗剤表示の例を見て，含まれている界面活性剤と助剤を調べてみよう。**主**

界面活性剤		助　剤	

知・技

3 漂白・柔軟仕上げ 次の文の（　　）にあてはまる語句を語群から選び，記号を記入しよう。

● 洗剤では落としきれない黄ばみや黒ずみを取り除くために①（　　　）をおこなう。

● ②（　　　）の漂白剤は，漂白力が強く，殺菌・防臭効果があるが，色物，柄物には使えない。

● 色物，柄物に使えるのは，③（　　　）漂白剤である。

● ④（　　　）は，洗濯によってかたくなりやすい布地を，やわらかく，ふんわりとした風合いに回復させる。

語群　A　酸素系　　　B　塩素系　　　C　漂白　　　D　柔軟仕上げ剤

知・技

4 被服の手入れと保管 次の文について，正しいものには○，誤っているものには×を記入しよう。

①毛にアイロンをかけるときは，てかり防止のため当て布を用いる。　　　　　　　（　　　）

②化学繊維には，高温でアイロンかけをおこなう。　　　　　　　　　　　　　　（　　　）

③絹や毛は虫害を受けやすいので，乾燥剤を使用し，保管する。　　　　　　　　（　　　）

④コートやワンピースなどは，ハンガーでつるして保管する方がしわになりにくい。（　　　）

⑤長期間つるすと生地がのびてしまうものはたたんで収納するが，Ｔシャツやカットソーだけでなく，セーターなどもたたんで保管する方がよい。　　　　　　　　　　　　　　（　　　）

✓ キーワード

①水で洗う洗濯方法。　　　　　　　　　　　　　　　（　　　　　　　　　）

②有機溶剤で洗う洗濯方法。　　　　　　　　　　　　（　　　　　　　　　）

③洗剤の主成分であり，親水基と親油基を持つ。　　　（　　　　　　　　　）

④部分的についた汚れを除去すること。　　　　　　　（　　　　　　　　　）

⑤布に適度な張りとかたさを与えるためにのりをつけること。（　　　　　　　　　）

⑥壊れたり，傷んだりしたところをつくろい直すこと。（　　　　　　　　　）

学習の自己評価

評価項目	A	B	C	評価
洗濯方法と表示	被服の表示についてよく理解し，適切な洗濯方法を選択できる。	被服の表示について理解できている。	被服の表示について十分理解できていない。	
被服の手入れと保管	被服の手入れと保管についてよく理解し，被服を長く使い続けるための方法を選択できる。	被服の手入れと保管について理解できている。	被服の手入れと保管について十分理解できていない。	

Memo

実験の記録用紙

実 験 布地の吸水性（バイレック法）

月　　　日

教科書 p.160

用意するもの
- 25mm幅で長さ150mm程度の布地（たて布）
  毛のモスリン，アクリルのモスリン，綿のブロード，綿のメリヤス　など
- 青インク

方　法

❶あらかじめ各布片の下端から10mmのところにえんぴつで横線をつけておく。

❷布片をつるした後に①の線につくまでペトリ皿（シャーレ）のなかに青色の水を注入する。

❸10分間静置し，水が上昇した高さ（mm）をはかる。

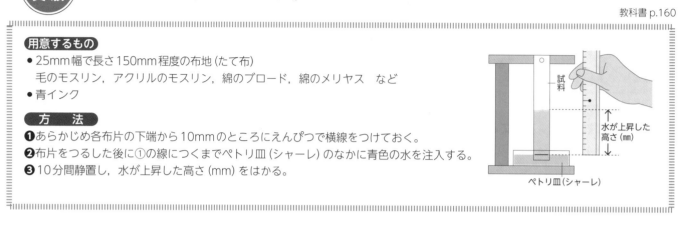

●結果●

	布地の繊維名	吸いあげた高さ（mm）	吸水のようす
1			
2			
3			
4			
5			
6			
7			
8			

感想	評価

実 験 におい と 燃え方で繊維を見分けよう

月　　　日

教科書 p.166

用意するもの
- ●試験布 (10mm×50mm)：複数用意　　●ピンセット　　●実験用加熱器具 (アルコールランプまたはガスコンロ)

方　法
- ●淡青色の炎を細く小さく出す。　　●試験布をピンセットではさみ，端の部分を静かに近づける。
- ●以下の項目を観察する。
- ❶炎に近づけたとき，縮んだり溶けたりするか。
- ❷炎のなかでの燃え方。
- ❸火が着いたらすぐ離し，燃え続けるかどうか。
- ❹におい，煙，燃えかすの色や形。

（教室の換気に気を つけて実験すること。）

※❶では特に溶けやすい合成繊維，❸では自燃性のある綿・ レーヨン，❹では繊維別に，においの違いを確認する。

●結果●

繊維名	観察	火のつき方	縮み・溶けぐあい	炎から離したときの変化	煙・におい	燃えかす
1						
2						
3						
4						
5						
6						
7						
8						

感想	評価

Memo

衣文化の継承と創造，持続可能な衣生活

1 伝統的な衣文化　次の問いに答えよう。

問1　今日では着物を着用する機会は少なくなっている。なぜそうなったか考えてみよう。 思・判・表

問2　着物のすぐれている点について，次の文章の（　　　）にあてはまる語句を記入しよう。 知・技

　着物は①（　　　　　　　　　）で仕立て直しが容易であるため，いたんだ部分を目立たないように仕立て直して，②（　　　　　　　　）使用した。使える部分を③（　　　　　　　）につくりかえたり，④（　　　　　　）や⑤（　　　　　　　　）として使ったりして，最後は焚きつけにし，その灰は回収されて⑥（　　　　　　）や⑦（　　　　　　　）などに利用された。

　また，着物は⑧（　　　　　　）に折りたたんで収納することができる。

2 人生の節目と装い　人生の節目となる儀式で着用される被服を調べてみよう。 知・技

	宮参り	七五三	結婚式	還暦
写真				
着用するもの				

3 被服の使用・廃棄と環境　次の問いに答えよう。

問1　被服の工夫によるクールビズとウォームビズについて，具体的な例をあげよう。 思・判・表

クールビズ	
ウォームビズ	

問2 衣生活における，３Ｒの具体的な例をあげてみよう。

リデュース	
リユース	
リサイクル	

4 **被服とエシカルファッション**　次の問いに答えよう。

問1　エシカルという単語はどういう意味か。

問2　次にあげる点に配慮した，エシカルファッションの具体例をあげてみよう。

環境への配慮	
社会や人への配慮	

✓ キーワード

①和服用生地のなかで，染めた糸で織ったもの。　　　　　（　　　　　　）

②和服用生地のなかで，織りあげてから色や柄を染めたもの。　　（　　　　　　）

③着物のいたんだ部分を目立たないようにして何度も使用したり，使える部分を子ども用につくりかえたり，おむつやぞうきんとして使うなど，長く大切に使うこと。

（　　　　　　）

④３Ｒのなかで，廃棄物の発生量を少なくすること。　　（　　　　　　）

⑤３Ｒのなかで，一度使ったものをゴミにせず何度も使うこと。　（　　　　　　）

⑥３Ｒのなかで，使い終えたものをもう一度資源に戻して製品をつくったり，エネルギーを回収して使用したりすること。　　　　　　　　（　　　　　　）

⑦環境問題や労働環境，貧困地域支援などに対して，良識のもと生産・流通されているファッションのこと。　　　　　　　（　　　　　　）

学習の自己評価

評価項目	A	B	C	評価
衣文化の継承と創造	日本の衣文化の特徴やすぐれている点を，今の生活に活用することができる。	日本の衣文化の特徴やすぐれている点について説明することができる。	日本の衣文化の特徴やすぐれている点について十分理解できていない。	
持続可能な衣生活	持続可能な衣生活について理解し，具体的な取り組み方法を設定することができる。	衣生活を資源，環境，エシカルなどの観点で考えることができる。	持続可能な衣生活としてどのような観点があるか十分理解できていない。	

30

私たちの被服ができるまで，体型と採寸，被服製作の基本

Memo

TRY 着ている被服のパーツの名前を調べてみよう。 主

③(　　　　　)
①
②
④(　　　　　)
⑤

⑦(　　　　　)
⑧(　　　　　)
⑥
⑨(　　　　　)
⑩(　　　　　)

1 **私たちの身体の形状と被服の形**　上半身の体の形と被服の型紙との関係について（　）にあてはまることばを記入しよう。 知・技

①(　　　　　)
②(　　　)
女性
(　　)
③ 男性
(　　)
④(　　)
⑤(　　)
前

⑥(　　　　　)
⑦(　　　　　)
)→
)→
⑧
)→
)
後ろ　　　前

⑨(　　　　　)
そで

TRY いろいろな動作による身体各部の寸法を測り，自然立位およびいすに座ったときの寸法と比較してみよう。 知・技 主

①手を前にのばす

背肩幅

伸長時　　　(　　　)cm
自然立位時(　　　)cm

②手を上にあげてのばす

わきの下
わきたけ
W.L
(ウエストライン)

伸長時　　　(　　　)cm
自然立位時(　　　)cm

③腰を曲げて両手を床につける

H.L
(ヒップライン)
ひざ

W.LからひざまでのW長さ
曲げたとき(　　　)cm
自然立位時(　　　)cm

④いすに座り上体を45°傾ける

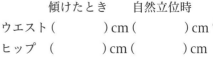

　　　　　　　　　傾けたとき　　自然立位時
ウエスト(　　　)cm (　　　)cm
ヒップ　(　　　)cm (　　　)cm

2 布の基本　布地について，次の各問いに答えよう。　思・判・表

問1　布の耳とは何だろうか。

問2　地直しをおこなう理由を答えよう。

問3　布地の表と裏を間違えないようにするため，表地の見分け方を記入しよう。

3 針と糸　針と糸について，次の各問いに答えよう。　知・技

問1　次の文の（　　）にあてはまる正しい語句を選び，○で囲もう。

　使用する針や糸は，布地の①（　種類　・　幅　）によって合うものを選択する。手縫い針は号数が大きいほど②（　細　・　太　）く，ミシン針は数字が大きいほど③（　細　・　太　）く，糸は数値が大きいほど④（　細　・　太　）い。

問2　次の布地と針・糸の関係を示した表の空欄に適切な数字を記入しよう。

布地	手縫い針	ミシン針	糸
薄　地	号	番	番
普通地	号	番	番
厚　地	号	番	番

✓ キーワード

①体の凹凸に沿うように布をつまんで縫い合わせること。　　　　　　　　（　　　　　　　）

②布をつまんで縫い，ひだをつくること。　　　　　　　　　　　　　　　（　　　　　　　）

③身体の寸法を測ること。　　　　　　　　　　　　　　　　　　　　　　（　　　　　　　）

④被服をつくるのに必要な布の長さのこと。　　　　　　　　　　　　　　（　　　　　　　）

⑤着用後の型くずれや洗濯による縮みを防ぐため，裁断前にきり吹きやアイロンを用いて布目を整えること　　　　　　　　　　　　　　　　　　　　　　　　　　　　　（　　　　　　　）

学習の自己評価

評価項目	A	B	C	評価
私たちの被服ができるまで	被服を身体にフィットさせるための工夫を説明することができる。	被服を身体にフィットさせるための工夫が理解できている。	被服を身体にフィットさせるための工夫が十分理解できていない。	
体型と採寸	被服には動作をするためのゆとりが必要であることを実習を通して理解できている。	被服には動作をするためのゆとりが必要であることを理解できている。	被服には動作をするためのゆとりが必要であることを十分理解できていない。	
被服製作の基本	布の扱いや布に適した針や糸について実習に生かすことができる。	布の扱いや布に適した針や糸について理解できている。	布の扱いや布に適した針や糸について十分理解できていない。	

被服製作実習記録用紙

被服製作実習名

デザイン (完成図)		
	開始	月　　　日
	完成	月　　　日

採寸項目・寸法	
・	cm
・	cm
・	cm
・	cm
・	cm
・	cm

実習のポイント

布地

実物添付

材料			製作に必要な用具

	布地の種類 (組成など)	用布	価格	
布地	・	幅　　　　cm	円	
	・	cm	円	
	・	cm	円	
その他	・		円	材料費合計
	・		円	合計　　　　　　円
	・		円	1mあたりの単価　　円

年	組	番	名前		

■作業手順

製作過程	月日	進行状況	製作目標に対する自己評価

うまくできた点・失敗した点	自己評価
	大変よい　よい　ふつう　やや劣る　劣る 準　　　備 作業の手順 進行状況 製作技術 工　　　夫 できばえ あとかたづけ

感想	評価

6章 衣生活をつくる

教科書p.149〜194

◆1 人の一生と被服

(1) 被服の保健衛生上の機能とは何か，簡単に説明しなさい。

(2) 被服の社会生活上の機能とは何か，簡単に説明しなさい。

(3) 立体構成の服にあてはまる説明を記号で選びなさい。(　　　　　　　　　　　)

あ．人体の形状に合わせて立体的になるように裁断し，縫製したもの。

い．布を直線的に裁断し縫製し，着用時に人体形状に合わせて立体化するもの。

う．着用する人に合ったサイズの服を選ぶ必要がある。

え．おおまかなサイズはあるものの，体型や成長に柔軟に対応できる。

お．着用していないときも人体の形状をしているので，ハンガーなどにつるして収納する。

◆2 被服材料と管理

(1) 次の布の性質を，語群から記号で選びなさい（何度使用してもよい）。

①綿と麻の混紡　　　　　　　　　　　　　(　　　　　　　　　　)

②ポリエステルでできたシルクライク素材　(　　　　　　　　　　)

③ウォッシュアンドウェア加工を施した綿素材　(　　　　　　　　　　)

語群　あ．しわになりにくい　　い．しわになりやすい　　う．吸湿性がよい

　　　え．吸湿性が悪い　　　お．絹のような光沢がある

(2) 次の記号の意味を答えなさい。

①　　　　　　　　　②　　　　　　　　　③

(　　　　　　　　　)　(　　　　　　　　　)　(　　　　　　　　　)

◆3 これからの衣生活

(1) あなたが次の世代に伝えたい衣文化は何だろうか。

(2) 安価な被服が手に入ることの弊害は何だろうか。

年	組	番	名前	

学習を振り返ろう

◉この単元で学んだこと，できるようになったことをまとめてみよう。

◉この単元で学んだことで，引き続き調べてみたいこと，学びを深めたいことをまとめてみよう。

生活のなかから課題をみつけよう

◉この単元で学習したことを活かして，今の生活のなかで改善できそうなことをみつけてみよう。

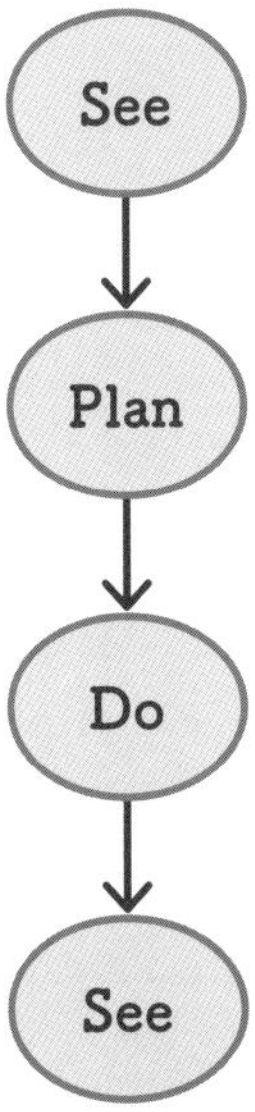

◉具体的な実践内容，解決方法を考えてみよう。

Note

Note

Note

7章 住生活をつくる

私たちは住まいで多くの時間を過ごしている。住まいは私たちの身を守るシェルターであると同時に，快適で健康的な生活を送る場としての役目もある。また，住まいは私たちの財産にもなりうるが，街並みや景観との調和も求められる。生活と密接に結びついた住まいのあり方を学んでいこう。

	Check point	NO			$\leftrightarrow$		YES
1	日本の気候・風土に対応した住まいの工夫を知っている。	1	2	3	4	5	6
2	地球環境に負荷をかけずに，暖かく住まう，涼しく住まう工夫をしている。	1	2	3	4	5	6
3	日照，通風や換気の役割を理解し，適宜取り入れている。	1	2	3	4	5	6
4	高齢者や子どもの事故が家庭内で起こりやすいことを知って対策ができる。	1	2	3	4	5	6
5	自分の住む地域のハザードマップを確認し，災害時の想定をしている。	1	2	3	4	5	6
6	地名に込められた歴史や地域のまちづくりについて興味関心がある。	1	2	3	4	5	6

●住生活に関することで，小・中学校で学んだことや，興味があること，高校の学習でできるようになりたいことなどを書いてみよう。

・小・中学校で学んだこと，実践したこと

・興味があること

・これからできるようになりたいこと

31

Memo

私たちと住まい，平面図の活用

TRY 高校生のあなたはどんな家に帰りたいと思うだろうか。また，将来一人暮らしをするとしたらどのような部屋に住みたいだろうか。その２つに違いはあるだろうか。それはなぜか考えてみよう。 **主**

1 間取りの変化　教科書の間取りの特徴を読み取ろう。 **思・判・表**

大正末期から昭和初期にかけてつくられた鉄筋コンクリート造の集合住宅	（記入例）各住戸は和室２〜３室，玄関，台所，便所という構成で，関東大震災後，地震に強い鉄筋コンクリート造の集合住宅がつくられるようになった。
中廊下型住宅	
ダイニングキッチンを取り入れた公営住宅	
現代の間取り　３ＬＤＫ（Ａさんの家）	
現代の間取り　４ＬＤＫ（Ｂさんの家）	

2 人体寸法と動線　人体寸法と部屋の広さや什器の大きさを測ってみよう。 **主** **思・判・表**

身長	（　　　　）cm	教室の縦方向の長さ	（　　　　）m
両手を広げた幅	（　　　　）cm	教室の横方向の長さ	（　　　　）m
両手を上げたときの高さ	（　　　　）cm	教室の天井の高さ	（　　　　）m
ひじから指先までの長さ	（　　　　）cm	教室の扉の幅	（　　　　）cm
肩幅	（　　　　）cm	教室の扉の高さ	（　　　　）cm
	（　　　　）cm	机の縦方向の長さ	（　　　　）cm
	（　　　　）cm	机の横方向の長さ	（　　　　）cm
	（　　　　）cm	机の高さ	（　　　　）cm

3 日本の住文化
日本の住文化の特徴について，（　　）に適語を記入して整理しよう。 思・判・表

起居様式		古くから床に直接座る①（　　　　　　　）と呼ばれる起居様式をとっており，室内に入るときには玄関で靴を脱ぎ，一段高い床にあがることが多い。部屋の用途を限定せず，さまざまな用途に使うことができる。
入浴スタイル		深い②（　　　　　　　）に湯をはり，肩くらいまでつかって温まり②（　　　　　　）の外で体を洗う。
建具による環境調整	雨戸	通風，光，音，虫，外からの視線，室内からの眺望などをすべてさえぎる。
	網戸	通風，光，音，眺望などはさえぎらないが，③（　　　　　　　）の侵入は防ぐことができる。
	窓ガラス	風をさえぎりながら，④（　　　　　　　）や眺望を確保できる。
	障子	外からの⑤（　　　　　　）をさえぎりながら，採光ができる。
	無双窓	開口具合で取り入れる⑥（　　　　　　　　）や採光の具合を調整することができる。

4 平面表示記号と家具・設備の表示記号
①〜⑫の記号の名称を書き入れよう。 知・技

①（　　　　　　　）　②（　　　　　　　）　③（　　　　　　　）　④（　　　　　　　）

⑤（　　　　　　　）　⑥（　　　　　　　）　⑦（　　　　　　　）　⑧（　　　　　　　）

⑨（　　　　　　　）　⑩（　　　　　　　）　⑪（　　　　　　　）　⑫（　　　　　　　）

✓ キーワード

①衛生的な配慮などから，食事空間と就寝空間を分離し，兼用しないこと。（　　　　　　　）

②日本で考案された間取りの表記で，部屋数（ n ），リビング（居間），ダイニング（食事室），台所をあらわす。　　　　　　　　　　　　　　　　　　　（　　　　　　　）

③居間，食事室など家族が共同で使用する空間。　　　　　　　　（　　　　　　　）

④寝室，子ども部屋などプライベートな空間。　　　　　　　　　（　　　　　　　）

⑤台所など家事をおこなう空間。　　　　　　　　　　　　　　　（　　　　　　　）

⑥トイレ，浴室など生理衛生にかかわる空間。　　　　　　　　　（　　　　　　　）

✏ 学習の自己評価

評価項目	A	B	C	評価
私たちと住まい	住まいの変化と現代の住まいの特徴について説明できる。	住まいの変化と現代の住まいの特徴について理解できている。	住まいの変化と現代の住まいの特徴について十分理解できていない。	
平面図の活用	住まいのなかでおこなう生活行為について理解し，住みやすい動線や間取りを考えることができる。	住まいのなかでおこなう生活行為や住みやすい動線について理解できている。	住まいのなかでおこなう生活行為や住みやすい動線について十分理解できていない。	

32

Memo

住まいのインテリア

TRY 居住者を設定し，Ａさんの家（３ＬＤＫ）のインテリアコーディネートをしてみよう。主

問1 居住者の設定をしよう。

居住者	年齢・仕事	趣味	住まいでの行動

問2 居住者の生活を踏まえたうえで部屋の使い方を考えて，平面図のなかに同じ縮尺（1:100）の家具を配置してみよう。（平面図の1cmが実寸の100cmになる）

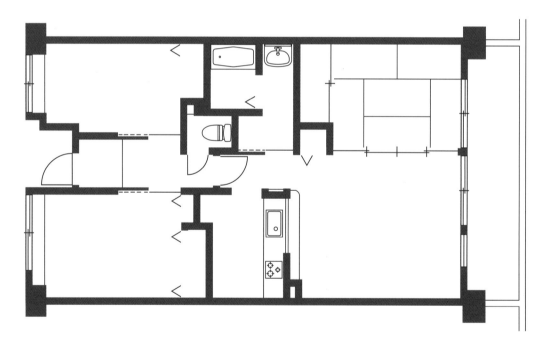

問3 夏に涼しく住まう工夫，冬に暖かく過ごす工夫を提案してみよう。

問4　南側のリビングダイニングに，家具や照明を描き入れ，カーテンや床，壁紙などに色をぬって，インテリアコーディネートをしてみよう（中心の点から放射状に線を描くと家具が描きやすい）。

問5　上記のインテリアコーディネートで工夫した点をあげてみよう。

✓ キーワード

①室内を装飾するカーテン，カーペット，壁紙，床材のほか，家具や照明器具などの室内装飾品のこと。　　　　　　　　　　　　　　　　　　　　　　　　（　　　　　　　　　）

②室内のものの機能・色・材料などを総合的に考え，室内をデザインすること。
　　　　　　　　　　　　　　　　　　　　　　　　　　　　（　　　　　　　　　）

③器具からの光が直接作業面を照らす照明のこと。　　　　（　　　　　　　　　）

④天井や壁などを照らすことで反射させ室内を明るくする照明のこと。（　　　　　　　　　）

⑤家のなかにあるさまざまな生活用品を，使いやすく収めること。（　　　　　　　　　）

✏▶ 学習の自己評価

評価項目	A	B	C	評価
住まいのインテリア	インテリアの構成要素について理解し，統一感のあるインテリアをデザインすることができる。	インテリアの構成要素について理解できている。	インテリアの構成要素について十分理解できていない。	

111

Memo

33

長く住み続けるために，生涯を見通した住まいの工夫

1 **日ごろのメンテナンス**　住まいを長く使うためのメンテナンスについて，次の文章中の（　）に，適切な語句を語群から選んで書き入れよう。　知・技

新しい住まいも，年月が経つにつれて，次第に劣化してくる。特に①（　　　　），②（　　　　）などの設備機器は耐用年数が短い。汚れや破損などを定期的に③（　　　　）し早期に修理すれば，住まいの性能を回復させ耐用年数をのばすことができる。

住まいのメンテナンスには，日ごろの手入れや修理のほか，数年または数十年ごとに大規模な修繕が必要となる。修繕④（　　　　）の積み立てなど，長期の経済計画も大切である。こうした住まいを点検し，修繕をおこない，低下した性能を回復させることを⑤（　　　　）という。日本の住宅の平均築後経過年数は約⑥（　　）年，イギリスは約⑦（　　）年，アメリカは約⑧（　　）年であり，日本の住まいの寿命は短い。2009年に⑨（　　　　）普及促進法が施行され，長く住み続けられる⑩（　　　　）の普及が進められている。

語群　メンテナンス　　住まい　　浴室　　30　　55　　77　　点検　　費用
　　　洗面所　　　長期優良住宅

2 **日常におこなう住まいの手入れ**　私たちが日ごろからできる手入れを表にまとめよう。　思・判・表

①玄関・ドアノブ	（記入例）床を清掃して土を内に持ちこまない。ドアノブは洗剤でよくふく。
②エアコン	
③ベッド	
④浴室	
⑤トイレ	
⑥テーブル	
⑦コンセント	

TRY　自分の家のメンテナンスがどのようにおこなわれているか調べてみよう。　主

3 集合住宅の維持・管理　Aさんの住む集合住宅の図中①～⑤の空欄に，専有部分の場合はS，共用部分の場合はKを入れよう。また，⑥～⑩のうち個人でできることに○をつけよう。 知・技

①コンクリートの内側まで（　　　）　　　②住宅の内側（　　　　　）

③排水管（　　　）　　④電気配線（　　　　）　　　⑤ベランダ（　　　　）

⑥玄関ドアの鍵を取り替える。（　　　）　　⑦ベランダに大きな物置を設置する。（　　　）

⑧窓のサッシを新しくする。（　　　）　　　⑨床をフローリングに変える。（　　　）

⑩ソファやテーブルを新しいものに交換する。（　　　）

TRY 10年後，あなたはだれとどのような住まいに暮らしたいか。想像して自由に書いてみよう。 主

check **✓ キーワード**

①良質な住宅を安心して取得できるためにつくられた制度。　　（　　　　　　　　　）

②2006年施行の，まちや建物のバリアフリー化をめざした法律。（　　　　　　　　　）

③友人や血縁関係のない者どうしが同居する方式。　　　　　　（　　　　　　　　　）

④専用の住空間のほかに，共同化した空間をもつ集合住宅。　　（　　　　　　　　　）

⑤組合を結成し共同で住宅を取得・管理していく方式。　（　　　　　　　　　）

学習の自己評価

評価項目	A	B	C	評価
長く住み続けるために	住まいのメンテナンスの具体例について説明できる。	住まいのメンテナンスの必要性について理解できている。	住まいのメンテナンスの必要性について十分理解できていない。	
生涯を見通した住まいの工夫	バリアフリーを含めて，ライフステージに合った住まいの工夫の具体例をあげることができる。	ライフステージに合わせた住まいの工夫の必要性について理解できている。	ライフステージに合わせた住まいの工夫の必要性について十分理解できていない。	

Memo

34

Memo

快適で健康な住まい，安全で安心な住まい

1 日照と採光・通風と換気　次の文の（　　）に適切な語句を語群から選択して入れよう（何度使用してもよい）。また，建ぺい率と容積率を示された条件をもとに算出してみよう。 知・技

日の出から日の入りまで，明るさを確保してくれる①（　　　　　　）は，健康な生活にとって欠かせないものである。私たちは，冬には①（　　　　　　）や②（　　　　　　）を積極的に取り入れ，夏はさえぎるようにして，工夫しながら生活してきた。窓などを通して室内に自然の光（昼光）を取り入れることを，③（　　　　　　）といい，その調整には，屋根から飛び出した部分の④（　　　　　　），室内の⑤（　　　　　　），夏季には⑥（　　　　　　）などが用いられる。建築基準法では，③（　　　　　　）には居室の床面積に対して⑦（　　　）分の1以上の開口部が必要である。

日本の伝統的な住まいは隙間も多かったが，最近の住まいは気密性が増しており，⑧（　　　　　　）や⑨（　　　　　　）を適切におこなうことが大切になっている。建築基準法では，換気のために有効な開口部の面積は居室の床面積に対して⑩（　　　）分の1以上とされている。

語群　ひさし　　日照　　カーテン　　7　　20　　通風　　すだれ　　日射　　換気　　採光

●建ぺい率

敷地面積

建築面積

$$\frac{建築面積}{敷地面積} \times 100 (\%)$$

条件：敷地面積　100m²
　　　建築面積　45m²

（式）	（答え）

●容積率

敷地面積

延べ面積

$$\frac{延べ面積}{敷地面積} \times 100 (\%)$$

条件：敷地面積　200m²
　　　延べ面積（1階部～3階部それぞれ80m²）

（式）	（答え）

2 自然を生かした住まい　左図は教科書のBさんの家である。南風が吹いていると仮定して，住まいのなかに流れる風を矢印で書き入れてみよう。また，右図には押し入れや家具の後ろなどの風の流れを書き入れよう。 思・判・表

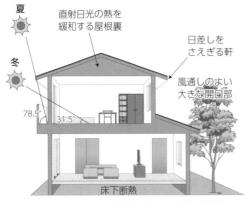

夏
冬

直射日光の熱を
緩和する屋根裏

日差しを
さえぎる軒

風通しのよい
大きな開口部

78.5°　31.5°

床下断熱

（夏は夏至，冬は冬至の南中高度，北緯35°地点の場合）

すのこ

戸を開けて
風を通す

隙間

3 自然災害・人為災害と住まい　次の文章中の（　）に適語を入れよう。 知・技

　地震，津波，台風，豪雨，火山の噴火などを①（　　　　　）災害という。これを避けることはできないが，②（　　　　　）を小さくすることはできる。日ごろから避難場所や③（　　　　　）などを家族で確かめておくことが必要である。④（　　　　　）とは，災害の事前対応を重視し，少しでも被害の軽減をはかるようにすることである。

　人間により生じる⑤（　　　　　）災害には，火災，大気汚染，テロ，戦争などがある。事故よりも大きな困難や問題が生じる場合を災害と呼んでいる。火災を発生させにくい生活を工夫することや，火災の発生を迅速に報知し，延焼を防ぐことが必要である。すべての戸建住宅やアパート・マンションなどに⑥（　　　　　）の設置が義務づけられている。

4 住まいの安全チェック　災害に備える安全で安心な住まいを考えるとき，家のなかで今改善できることを（例）にしたがってまとめてみよう。 思・判・表

風呂	バスタブの湯	（例）断水に対応するために湯をはる習慣をつける。
リビング	テレビ モニター	
	飾り棚などの家具	
	いす	
台所	食器棚	
	電子レンジ 湯わかしポット	
個室	窓ガラス ベッド	

☑ **キーワード**

①自動車や工事現場，深夜営業の店舗などから発生する不快な音。　（　　　　　）

②新築の住まいなどで起こる，目の痛みや頭痛，はきけなどの症状。
　　　　　　　　　　　　　　　　　　　　　　　　　　　　　　　（　　　　　）

③急激な温度変化で血圧の急激な上昇や下降が引き起こされること。（　　　　　）

④住まいのなかで起こる事故のこと。溺死や窒息の件数が多い。　（　　　　　）

学習の自己評価

評価項目	A	B	C	評価
快適で健康な住まい	住まいの快適さの条件について具体例をあげて説明できる。	住まいの快適さの条件について理解できている。	住まいの快適さの条件について十分理解できていない。	
安全で安心な住まい	災害予防について具体例をあげて説明できる。	災害予防の必要性について理解できている。	災害予防の必要性について十分理解できていない。	

Memo

35

Memo

持続可能な住まい，住まいと地域社会のかかわり

1 **持続可能な住生活**　地球環境に負担をかけない持続可能な住生活につながるような日常の工夫を探してみよう。　思・判・表

環境に負担をかけない方法	日常の工夫
周囲の自然環境と調和する	（例）ベランダでの花づくり
太陽光，風，雨水など自然の恩恵を利用する	（例）屋根に太陽光パネルを設置
物を大切に使い切る	（例）計画性をもって買い物をする。
その他	（例）ビオトープ

2 **持続可能な住まい**　次のことばの意味を調べよう。　知・技

ナッジ

環境共生住宅

ゼロ・エネルギー住宅

TRY　「ナッジ」ということばを調べて，私たちの住まい方に応用できないか考えてみよう。　主

3 住宅政策の変遷 次の各文の（　）に適語を入れよう。 知・技

● 第二次世界大戦後，日本では住宅の数が大きく不足し，住宅の①（　　　　　　）を増やすことが最も大切な課題とされた。

● 特に高度経済成長期において都市部の勤労者の住宅不足は深刻であった。そのため人々は，②（　　　　　　）や③（　　　　　　）住まいに悩まされた。④（　　　　　　）住宅，公営住宅などの大規模な⑤（　　　　　　）も整備された。

● 共同住宅の数は30年間で2倍以上になっている。東京や大阪などで⑥（　　　　　　）化が進んでいる。

● 政府は2006年に，良質な住宅の供給，良好な居住環境の形成，居住の安定の確保などを目的として，⑦（　　　　　　）基本法を制定した。

● 2021年度から2030年度までを計画期間とした新しい⑧（　　　　　　）計画がまとめられている。

4 住民参加のまちづくり 岐阜県高山市では，市内のどこにバリアがあるのか，何がバリアとなっているのかをチェックするために，障害者や外国人から意見を聞くモニターツアーというイベントがおこなわれている。住民参加の，だれもが住みたくなるようなまちづくりの一例である。あなたが住んでいる地域にはどのようなまちづくりの活動があるか，調べてみよう。 主

✓ キーワード

①太陽の光エネルギーを吸収して電気に変えること。 （　　　　　　）
②屋上の断熱効果をよくするために木や草花を活用すること。 （　　　　　　）
③家庭から出る生ゴミを，堆肥に変えて再利用すること。 （　　　　　　）
④住生活の安定の確保および向上の促進に関する施策を総合的かつ計画的に推進する法律。
（　　　　　　）
⑤地方創生分野における日本のＳＤＧｓモデルの構築に向けて，すぐれた取り組みをする自治体。
（　　　　　　）

学習の自己評価

評価項目	A	B	C	評価
持続可能な住まい	人と地球にやさしい住まいについて具体例をあげて説明できる。	人と地球にやさしい住まいについて理解できている。	人と地球にやさしい住まいについて十分理解できていない。	
住まいと地域社会のかかわり	地域の一員としてどのようにまちづくりに参加すればよいか，考えることができる。	暮らしやすい住環境をつくっていく活動について理解できている。	暮らしやすい住環境をつくっていく活動について十分理解できていない。	

Memo

7章 住生活をつくる

◆ 1 人の一生と住まい

(1) 次の文章の下線部について，正しいものには〇を，間違っているものには正しい語句を入れよう。

①住宅内の食事空間と就寝空間とを分離し，兼用しない使い方を<u>食寝分離</u>という。　（　　　　　）

②住宅のトイレや洗面所は<u>個人生活空間</u>である。　（　　　　　）

③動線とは住宅内の<u>家具</u>の動きを線で表したものである。　（　　　　　）

④間取りを表す2LDKのLは<u>応接間</u>を表している。　（　　　　　）

⑤日本の住宅では古くから<u>床座</u>といわれる起居様式をとっている。　（　　　　　）

⑥世界遺産となった岐阜県の白川郷の建物様式は<u>合掌造り</u>と呼ばれている。　（　　　　　）

⑦<u>健具</u>とは，住宅内で使用される雨戸，網戸，障子，ふすまなどをさす。　（　　　　　）

(2) 次のそれぞれの問いに答えなさい。

①さまざまな基準となっている「JIS」を日本名で何というか。　（　　　　　　　　　）

②家事労働空間にあたる部屋の名前を1つ上げよう。　（　　　　　　　　　）

③インテリアデザインで局部照明として使われる明かりにはどのようなものがあるか。

（　　　　　　　　　）

④住まい方の1つで，友人同士が1件の家屋を共同で借りて住む方式を何というか。（　　　　　　　　　）

(3) 次の平面図の①〜⑤の部分に，指示された平面表示記号を書き入れよう。

①片開き戸
②トイレ
③ガス台
④引き違い戸（押入）
⑤引き違い窓

◆ 2 住生活の計画と選択　次の語句を説明しよう。

①結露	
②シックハウス症候群	
③ヒートショック	

年	組	番	名前	

●この単元で学んだことや，できるようになったことをまとめてみよう。

●この単元で学んだことで，引き続き調べてみたいこと，学びを深めたいことをまとめてみよう。

◤◤ 生活のなかから課題をみつけよう ▶

●この単元で学習したことを活かして，今の生活のなかで改善できそうなことをみつけてみよう。

●具体的な実践内容，解決方法を考えてみよう。

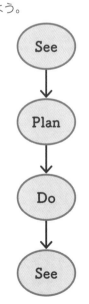

See

Plan

Do

See

Note

Note

Note

⑧章 経済生活をつくる

私たちは家庭の収入と支出のバランスをとりながら，経済生活を営んでいる。お金は生きるために必要なものであるが，「自分らしさ」につながる使い方や，楽しみを得るための使い方もできる。しかし，気をつけないとお金にまつわるトラブルも起こる。巻きこまれないためにも，消費者としての権利と責任について理解を深めよう。また，家庭の経済生活が社会や環境に影響を与えることについても学んでいこう。

Check point	NO ← → YES
1 人の一生にかかる費用がどのくらいか知っている。	1　2　3　4　5　6
2 自分のお金の使い道を把握できている。	1　2　3　4　5　6
3 お金（資産）の増やし方にどのようなものがあるか知っている。	1　2　3　4　5　6
4 欲しいものがあったとき，情報を収集して適切に購入できる。	1　2　3　4　5　6
5 悪質商法にどのような手口があるか知っている。	1　2　3　4　5　6
6 現金払い以外の支払い方法を知っている。	1　2　3　4　5　6
7 「環境に配慮した買い物」がどのようなことか知っている。	1　2　3　4　5　6

●経済生活について，これまでに学んだことを思い出そう。
　＜キーワード　商品の購入・支払い　金銭管理　消費者の権利と責任　環境に配慮した消費生活＞

●経済生活について，高校の学習で学びたいことを書こう。

●なぜ「お金は大切」と思う人が多いのだろうか。あなたの考えを書いてみよう。

36

Memo

人生とお金

1 高校生の収入と支出　次の問いに答えよう。主

問1 この1週間にあなたが使ったお金について思い出し，表を完成させよう。

項目	金額	項目	金額
食料費	円		円
教養娯楽費	円		円
被服・履き物費	円		円
		合計	円

参考　支出の項目例

　食料費　　住居費　　教育費　　光熱・水道費　　家具・家事用品費　　被服・履き物費

　保健医療費　　交通・通信費　　教養娯楽費　　その他

問2 自分のお金の使い方を振り返って，気づいたことをまとめよう。

2 教育費　次の問いに答えよう。主

問1 教科書の資料2を参考にして，あなたの小学校から高校までにかかった教育費を計算してみよう。

	小学校		中学校		高等学校		合計
どちらかに○	公立	私立	公立	私立	公立	私立	
総額	円		円		円		円

問2 あなたが希望する高校卒業後の進路について，どのような費用が必要になるか，項目をあげてみよう。

3 住宅費 住宅を購入する場合と賃貸住宅に暮らす場合の, メリット, デメリットを整理しよう。

知・技

	住宅を購入する (持ち家)	賃貸住宅に暮らす
メリット		
デメリット		

4 高齢期の生活費 教科書の資料**6**では, 65歳以上の単身世帯 (無職) の家計は赤字になっている。この状態に対処する方法や, この状態にならない回避方法を考えよう。 思・判・表

☑ **キーワード**

①家庭の支出のなかの, 授業料, 入学金, 学級費, 修学旅行費, PTA会費, 教科書, 学習参考教材, 補習教育月謝などの費用のこと。 （　　　　　　　）

②住宅を買ったり改築したりするために金融機関から長期間にわたって借りるお金のこと。 （　　　　　　　）

③国民年金, 厚生年金の2種類があり, 日本国内に住所のあるすべての人が加入を義務づけられているもの。 （　　　　　　　）

④住宅の購入時に支払う代金の一部分のこと。 （　　　　　　　）

学習の自己評価

評価項目	A	B	C	評価
高校生の収入と支出	自分の支出を把握し, 課題を見出すことができる。	自分の支出について把握できている。	自分の支出について十分把握できていない。	
人の一生にかかる費用	必要な費用を把握し, 対策を含めて考えることができる。	ライフステージごとに必要な支出について理解できている。	必要となる費用についてイメージを持てていない。	

Memo

125

37

収入と支出のバランス，将来の経済生活を考える

Memo

1 **家庭の収入と支出**　家庭の収入と支出について，あてはまるものを語群からすべて選び，記号で答えよう。 知・技

収入（受取）┬ 実収入 ┬ 経常収入　　（　　　　　　　　　　）
　　　　　　│　　　　└ 特別収入　　（　　　　　　　　　　）
　　　　　　├ 実収入以外の受取　　　（　　　　　　　　　　）
　　　　　　└ 繰入金

支出（支払）┬ 実支出 ┬ 消費支出　　（　　　　　　　　　　）
　　　　　　│　　　　└ 非消費支出　（　　　　　　　　　　）
　　　　　　├ 実支出以外の支払　　　（　　　　　　　　　　）
　　　　　　└ 繰越金

語群
ア．社会保険料
イ．勤め先収入
ウ．土地家屋借入金
エ．土地家屋借金返済
オ．食料費
カ．個人住民税
キ．住居費
ク．受贈金
ケ．預貯金
コ．預貯金引出
サ．交通・通信費

2 **給与明細**　第一花子さんの給与明細票と消費支出について，次の問いに答えよう。 思・判・表

給与明細票（円）			第一花子
基本給	141,300	社会保険料	
職能給	60,580	健康保険	9,020
扶養手当	0	介護保険	0
住居手当	20,000	厚生年金	15,327
通勤手当	1,000	雇用保険	1,472
残業手当	7,470	税金	
		所得税	6,570
		住民税	9,600
支給額計	230,350	控除額計	41,989

第一花子さんの1か月の消費支出

食費	58,000
住居費	65,000
光熱・水道費	8,500
家具・家事用品費	5,000
被服・履き物費	18,000
保健医療費	13,000
交通・通信費	25,000
教養娯楽費	17,000
計	209,500

問1　次の文章は，給与明細票に示された何について説明したものか答えよう。

①収入の無い（少ない）家族がいる場合に支給される。　　　　　　　　　（　　　　　　　　）

②個人の所得に対して国が課している。　　　　　　　　　　　　　　　　（　　　　　　　　）

③失業時に備えた保険。　　　　　　　　　　　　　　　　　　　　　　　（　　　　　　　　）

問2　第一花子さんの可処分所得はいくらになるか計算しよう。　　　（　　　　　　円　）

問3　第一花子さんの1か月の収支は赤字になる。収入をすぐに増やすことは難しいため，支出を工夫して赤字を解消したいが，どのようにすればよいか，具体的な内容を金額も含めて答えよう。

3 生活上のリスクに備える　次の問題に答えよう。

問1 これからの人生であなたに起こりそうな大きなリスクはどのようなことか，考えてみよう。🅰

問2 社会保障制度について，次の表の（　　）にあてはまる語句を記入しよう。　知・技

社会保険	公的医療保険	①（　　　　　　　　　）や②（　　　　　　　　　）をしたときに一定の自己負担で医療を受けることができる制度。国民健康保険や健康保険など。
	公的年金	③（　　　　　　　）生活者・④（　　　　　　　）・⑤（　　　　　　　）の生活費を保障する制度。国民年金や厚生年金など。
	公的介護保険	⑥（　　　　　　　）歳以上の人が加入。介護が必要になったときに所定の⑦（　　　　　　　　　　　　　）が受けられる制度。
	労働者災害補償保険	労働者が⑧（　　　　　　　）の⑨（　　　　　　　）などによってけがや病気，障害を負ったり，死亡した場合に，本人やその遺族を守るための手当をおこなう制度。
	雇用保険	労働者の生活を安定させるための制度。⑩（　　　　　　　　）や⑪（　　　　　　　　　　　　）など。

☑ キーワード

①家庭の収入のなかで，実質的に資産が増えるもの。　　　　　　　（　　　　　　　）
②家庭の支出のなかで，実質的に資産が減るもの。　　　　　　　　（　　　　　　　）
③②のなかで，生活費となる支出。　　　　　　　　　　　　　　　（　　　　　　　）
④②のなかで，税金や社会保険料などの支出。　　　　　　　　　　（　　　　　　　）
⑤①から④を引いたもので，家庭にとって自由に使える収入。　　　（　　　　　　　）
⑥生命保険や損害保険など，個人で必要に応じて加入する保険。　　（　　　　　　　）
⑦銀行，証券会社，保険会社などが提供・仲介する各種の預金，保険，株式，公社債，投資信
　託などの商品こと。　　　　　　　　　　　　　　　　　　　　　（　　　　　　　）

✏ 学習の自己評価

評価項目	A	B	C	評価
収入と支出のバランス	ライフステージやライフスタイルを意識して収入と支出のバランスを考えることができる。	収入と支出の構成と，バランスを取ることの大切さを理解できている。	家庭の収入と支出のイメージが十分つかめていない。	
将来の経済生活を考える	リスクへの対処だけでなく，計画的な貯蓄や金融商品の活用など資産運用の知識を身につけている。	人生に起こるリスクを想像することができ，対処する方法について理解できている。	人生に起こるリスクを想像することができず，備える必要性が十分理解できていない。	

Memo

38

契約とは，消費者問題はなぜ起こるのか

1 買い物と契約の関係　次の問いに答えよう。 知・技

問1　次の文章の（　）にあてはまる語句を答えよう。

日常生活で何げなくおこなっている買い物は①（　　　　　　）が成立しているからできる。①（　　　　　　）とは，「これを買います」と②（　　　　　　），「わかりました」と③（　　　　　　）し，両者が④（　　　　　　）すれば成立する法律上の約束である。

問2　契約について「書店で本を買う」という場面を想定して，次の表の（　）にあてはまるものを選択肢から選び，記号で答えよう。

	債権（権利）	債務（義務）
消費者（買い手）	①（　　　）	②（　　　）
事業者（売り手）	③（　　　）	④（　　　）

選択肢
ア　本を受け取ることができる。
イ　本を渡さなければならない。
ウ　代金を受け取ることができる。
エ　代金を渡さなければならない。

2 消費者に不利な契約の取り消し　次の問いに答えよう。

問1　次の文章の（　）にあてはまる語句を答えよう。 知・技

繁華街で声をかけられたり，突然，自宅に訪問されたり，電話がかかってきて事業者から勧誘されることがある。このような場合，消費者は，よく考える間もなく契約してしまいがちである。これでは消費者にとって①（　　　　　　）な取り引きになる。そこで，②（　　　　　　）法では，頭を冷やしてよく考えるチャンスを与えるために，③（　　　　　　）や中途解約ができることを定めている。特定の期間内であれば，契約成立後でも④（　　　　　　）で契約が解除できる。

その場合，消費者は，商品を返却すれば代金を支払う義務はなく，支払った代金は返してもらえる。送料は⑤（　　　　　　）負担となる。ただし，消費者みずからが自分の⑥（　　　　　　）で店に出かけて行き契約したり，自分から電話やインターネット，はがきなどで注文したりした場合には，この制度は該当しないので注意が必要である。

問2　消費者契約法によって，事業者の不適切な行為による契約は取り消すことができる。次の不適切な行為をあらわした用語について，教科書の資料5を参考にして，小学生の弟や妹に伝わるように平易なことばにいいかえて説明してみよう。 思・判・表

不実告知	
不利益事実の不告知	
断定的判断	
不退去	
退去妨害	

3 **消費者問題の発生過程**　次の問いに答えよう。　思・判・表

問1　教科書の本文では，「事業者に対して消費者の立場が弱い」ということについて述べられている。どのような点で消費者の立場が弱いか整理しよう。

問2　その一方で「消費者の方が事業者よりも強い立場にある」ということもできる。それはなぜか，理由を考えてみよう。

4 **悪質商法**　次にあげる手口はどの悪質商法のものか，語群から選び記号で答えよう。　知・技

①実際には利用していないのにサービスを提供したとして代金を請求し，お金をだまし取る。　（　　　）

②「抽選に当たった」などといって電話や郵便で喫茶店や事務所などへ呼び出し，契約しないと帰れない状況にして商品やサービスを契約させる。　（　　　）

③商品・サービスを買った消費者に「次の買い手を探すとマージンがはいる」「友人を会員にして売らせると利益が出る」などと勧誘し，商品やサービスを契約させる。　（　　　）

語群　ア　ネガティブ・オプション　　　イ　マルチ取引　　ウ　架空請求
　　　エ　アポイントメントセールス　　オ　デート商法

✓ キーワード

①申しこみと承諾によって，両者の合意によって成立する法律上の約束のこと。　（　　　　　　）

②訪問販売や通信販売，特定継続的役務提供（エステティックサロンや語学教室など）など，消費者トラブルを生じやすい特定の取引形態。　（　　　　　　　　）

③訪問販売や電話勧誘販売などの不意打ち性の高い取り引きなどについて，契約後一定期間消費者が頭を冷やして考え直し，無条件で一方的に契約を解除することができる制度。
　　　　　　　　　　　　　　　　　　　　　　（　　　　　　　　）

④事業者と消費者の間で発生するトラブルのこと。　（　　　　　　　　）

⑤通信販売や訪問販売などの販売形態のこと。　（　　　　　　　　）

学習の自己評価

評価項目	A	B	C	評価
契約とは	契約について理解するとともに，取り消しできる場合も含めて説明できる。	契約について，成立の要件や，双方が果たす役割について理解できている。	契約について，十分説明することができない。	
消費者問題はなぜ起こるのか	消費者問題が発生する背景について，消費者と事業者の力関係を踏まえて理解できている。	消費者問題が発生する背景を説明できる。	なぜ消費者問題が発生しやすいか十分理解できていない。	

Memo

39 多様化する支払い方法とリスク防止，消費者の自立と行政の支援

1 さまざまな支払い方法　次の表中の支払い時期と特徴にあてはまるカードの種類は何か答えよう。　知・技

支払い時期	分　類	特　徴
前払い	①(　　　　　　　　　)　カード	事前にお金を支払いカードを買った後に，商品やサービスを購入する。定額使い切り型と，チャージによる繰り返し利用型がある。
即時払い	②(　　　　　　　　　)　カード	預け入れや引き出しなどができるカード。ほとんどが③(　　　　　　　　) カードの機能をもっている。
	③(　　　　　　　　　)　カード	銀行のキャッシュカードで，買い物などの支払い時に銀行口座から引き落とす。
後払い	④(　　　　　　　　　)　カード	購入した後に代金を銀行口座から引き落とす。店舗販売，通信販売，ネットショッピングにも使用できる。
	⑤(　　　　　　)　カード	少額の借金ができる。

2 クレジットのしくみと利息　次の文が正しければ○，誤っていれば×を記入しよう。　知・技

①消費者の信用にもとづいて，前払い式での取り引きや借金の契約をかわすことを消費者信用という。

（　　　）

②販売信用には，二者間契約と三者間契約がある。　　　　　　　　　　　　　　（　　　）

③クレジットカードを利用した買い物のしくみは，二者間契約である。　　　　（　　　）

④三者間契約の場合，消費者は，クレジット会社や信販会社に，代金や手数料，利子を一括または分割で支払う。　　　　　　　　　　　　　　　　　　　　　　　　　　　　（　　　）

⑤貸金業法は，融資額を年収の2分の1まで，金利の上限を20％から30％までと定め，返済できなくなることを防いでいる。　　　　　　　　　　　　　　　　　　　　　　　（　　　）

3 クレジットの支払い方式　次の支払い方法の名称を答えよう。　知・技

①(　　　　　　　)　一括（1回）払い	②(　　　　　　　)　一括（1回）払い	③(　　　　　　)　払い	④(　　　　　　)　払い
利用した翌月に一括して（1回で）支払う方式。一般的に手数料はかからない。	利用した翌ボーナス時期に一括して（1回で）支払う方式。一般的に手数料はかからない。	利用時に支払い回数を決めて分割して支払う方式。手数料がかかる。	利用残高に対して毎月定額を支払う方式。手数料が多くかかる。
3月 → 4月 20,000円　20,000円 洋服購入　支払い	4月 → 7月 100,000円　100,000円 テレビ購入　支払い	3回，10回など回数を多くすれば月々の支払額は少なくなるが，その分手数料が増えていく。	毎月の支払額は少ないが，支払期間が長期化する。残高がある限り支払いは続く。

4 消費者関連の法律　次の概要が示す法律名を答えよう。 知・技

制定	法律名	概　要
1961年	①(　　　　　　　　　)法	割賦販売などにかかわる取り引きの公正をはかる。（クーリング・オフを規定）
1968年	②(　　　　　　　　　)法	消費者の利益や安全を保護する。
1976年 2000年	③(　　　　　　　　　)法 ⇒④(　　　　　　　　　)法	訪問販売・電話勧誘販売・通信販売などからの被害を未然に防ぐ。（クーリング・オフを規定）
1994年	⑤(　　　　　　　　　)法 （ＰＬ法）	被害が製造物の欠陥により生じたことを明らかにすれば，損害賠償を請求できる。
2000年	⑥(　　　　　　　　　)法	不当な勧誘による契約の取消しと不当な契約条項の無効などを規定。
2004年 （改正）	②(　　　　　　　　　)法 ⇒⑦(　　　　　　　　　)法	消費者の権利の擁護，権利の尊重，自立支援を目的としている。

5 消費者の権利と責任　下の表の（　　）に適語を入れて整理しよう。 知・技

消費者の8つの権利		消費者の5つの責任
・生活の基本的①(　　　　)が保証される権利 ・安全である権利 ・②(　　　　　　)権利 ・③(　　　　　)権利	・④(　　　　　　　)が反映される権利 ・被害救済を受ける権利 ・消費者教育を受ける権利 ・健全な⑤(　　　　　)で生活する権利	・⑥(　　　　　)的意識をもつ責任 ・みずから主張し行動する責任 ・社会的⑦(　　　　　)に配慮する責任 ・⑤(　　　　)に配慮する責任 ・⑧(　　　　)する責任

☑ キーワード

①借金の返済のためにさらに借金を重ねること。　　　　　　　　（　　　　　　　　）

②借金が返済困難となった場合の救済措置のこと。　　　　　　　（　　　　　　　　）

③消費者支援の中核機関として，被害相談の受け付け，商品テスト・調査研究・普及啓発などを地方公共団体と連携しておこなっている。　　　（　　　　　　　　）

④消費生活全般に関する消費者からの相談を受け付け，処理するために，都道府県や市町村が設置している機関のこと。　　　（　　　　　　　　）

⑤消費者の権利の尊重や自立支援を目的とした国の機関のこと。　（　　　　　　　　）

学習の自己評価

評価項目	A	B	C	評価
多様化する支払い方法とリスク防止	キャッシュレス社会の利便性と問題点について理解し，生活のなかで適切に活用できる。	キャッシュレス社会の利便性と問題点について理解できている。	キャッシュレス社会の利便性と問題点について十分理解できていない。	
消費者の自立と行政の支援	消費者にはどのような責任があるかを理解し，主体的に行動できる。	自立した消費者として取るべき行動を理解できている。	自立した消費者として取るべき行動を十分理解できていない。	

Memo

40

Home economics

Memo

消費生活と持続可能な社会，消費者市民社会をめざして

1 **便利な暮らしと持続可能なライフスタイル**　次の表の空欄にあてはまる語句を記入し，A～Fの行動が，３Rのどれにあてはまるか分類しよう。　思・判・表

Aフリーマーケットを利用する。　　　　　B使い捨て商品はできるだけ避ける。

Cペットボトルは合成繊維に。　　　　　　D過剰包装は断る。

Eこわれた家具を修理して使う。　　　　　Fガラスびんは，溶かしてあらたなびんに。

３R	リデュース	リユース	リサイクル
意味	ごみの①(　　　　　)	再②(　　　　　) する	再③(　　　　　) する
行動			

2 **だれ一人取り残さない世界の実現**　次の各問いに答えよう。

問1　温室効果ガスの排出削減のために，私たちにできる「賢い選択」（COOL CHOICE）の具体例を考えよう。　思・判・表

（記入欄）

問2　次の空欄にあてはまる語句を記入しよう。　知・技

　持続可能な開発目標（SDGs）とは，2015年の国連サミットで採択された①(　　　　　) 年までの国際目標である。持続可能な世界実現のための②(　　　　　) のゴールと169のターゲットから構成され，「No one will be left behind③(　　　　　　　　　　　)」ことを誓っている。

問3　次の行動はSDGsのどの目標と関係があるだろうか。教科書見返し③・巻頭①を参考にして，目標の番号を記入しよう。　思・判・表

①学校に行けない子どもたちに教材や文房具を送る運動に参加する。　　　　　　（　　　）

②レジ袋やプラスチック製品を使わない。海や川に行ったらごみは持ち帰る。　　（　　　）

③マイバッグ，マイボトルを持参する。環境に配慮した製品を購入する。　　　　（　　　）

④家具の転倒防止や防災グッズを用意する。まちの清掃・防災活動などに参加する。（　　　）

⑤電気をこまめに消す，使用時間を減らす。CO_2排出の少ない交通手段を使う。　（　　　）

3 **環境に配慮した行動を実践する**　Think globally，Act locallyの意味を答えよう。また，あなたができる身近な具体例を考えよう。　思・判・表

意　味	
具体例	

4 消費行動を通して社会に参画する　次の各問いに答えよう。

問1　私たちにできるエシカル消費にはどのようなものがあるだろうか。次の5項目について具体例を考えよう。 思・判・表

①環境への配慮	
②生物多様性への配慮	
③社会への配慮	
④地域への配慮	
⑤人への配慮	

問2　消費者がフェアトレードにもとづく商品を購入することには，どのような意味があるだろうか。

知・技

✓ キーワード

①地球環境を守り，次世代に受け継ぐために，限りある資源を循環させて使い続ける社会。
（　　　　　　　　　　）

②地球温暖化の原因とされ，石炭，石油，天然ガスの燃焼によって発生する二酸化炭素が大部分を占めている。　（　　　　　　　　　　）

③地球温暖化の原因とされる二酸化炭素の排出ゼロをめざす社会。　（　　　　　　　）

④環境保全に合った行動をする消費者。　（　　　　　　　　　　）

⑤人と社会，地域のことを考慮してつくられたものを購入・消費すること。
（　　　　　　　　　　）

⑥開発途上国の生産者や労働者の生活改善と自立を目的とした公平な貿易のしくみ。
（　　　　　　　　　　）

⑦消費者が主役となって，環境問題を含む社会的課題の解決に向けて，積極的に行動する社会。
（　　　　　　　　　　）

学習の自己評価

評価項目	A	B	C	評価
消費生活と持続可能な社会	消費生活と持続可能な社会について学んだことを実践できる。	消費生活と持続可能な社会について理解できている。	消費生活と持続可能な社会について十分理解できていない。	
消費者市民社会をめざして	消費者市民としてのライフスタイルを実践することができる。	消費者市民としてのライフスタイルについて理解できている。	消費者市民としてのライフスタイルについて十分理解できていない。	

Memo

8章 経済生活をつくる

◆ 1　私たちの暮らしと経済

(1) 次の下線部について，正しいものには○を，誤っているものには正しい語句を記入しなさい。

①現在の高齢者世帯の収入の約6割は勤め先からの給料によるものである。

②子どもが社会人になるまでの費用は，家計にとって大きな支出となる。子どもが誕生した時点から積立て型預貯金や雇用保険などで準備しておくことが望ましい。

③可処分所得から消費支出を引いた差がプラスであれば赤字である。

④住宅ローンの返済は実支出にあたる。

⑤私的保険は，特定の損失に備えて保険料を払い，リスクが起こると保険金が支払われる仕組みである。

⑥金融商品を判断する基準には，安全性・流動性・収益性の3つがあるが，この3つの基準のすべてにすぐれている金融商品はない。

①	②	③
④	⑤	⑥

◆ 2　消費者問題を考える

(1) 未成年者が保護者の同意を得ずに契約した場合には，その契約を取り消すことができる。しかし，未成年者の契約でも取り消せない場合があるが，それはどのような場合か。次の中から2つ選び，記号で答えなさい。

　　　　（　　　）（　　　）

ア．契約書に名前を書いて押印した。　　　　イ．こづかいなどの範囲内であった。

ウ．未成年者が成人だとうそをついていた。　　エ．商品の代金を支払った。

(2) 次のなかからクーリング・オフできる場合を1つ選び，記号で答えなさい。（　　　）

ア．通信販売で3日前に5千円の商品を購入する契約をした。

イ．訪問販売で4日前に商品を購入して，代金2,500円を現金で支払った。

ウ．電話勧誘販売で5日前に1万円の商品を購入する契約をした。

エ．店舗販売で6日前に2万円の商品を購入した。

(3) クレジットカードについて，次のなかから正しくない記述を1つ選び，記号で答えなさい。（　　　）

ア．一般的に1回払いは手数料がかからない。

イ．一般的に分割払いよりリボルビング払いの方が手数料は安い。

ウ．買った商品が届かないときは，クレジット会社に連絡し，支払いを停止することができる。

エ．カード利用の通知を常に確認し，他人に不正使用されていないかチェックが必要である。

◆ 3　持続可能な社会をめざして

(1) 次の語句について簡潔に説明しなさい。

　　　①循環型社会　　　　②脱炭素社会

①
②

年	組	番	名前	

学習を振り返ろう

●興味をもったこと，疑問に思ったことなどをまとめよう。

●生活のなかで役立てたいこと，もっと詳しく学習したいことなどをまとめよう。

生活のなかから課題をみつけよう

●学習したことを活かして，今の生活のなかで改善できそうな課題をみつけよう。

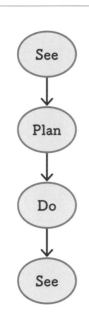

●みつかった課題の解決方法を考えよう。

●課題を解決するために具体的な計画を立てよう。

Note

Note

Note

Note

ホームプロジェクト実施記録用紙

月　　　日

題目	
題目設定の理由	
目標	
実施計画	

予想所要時間	予想経費

年	組	番	名前	

実施状況

実施期間　　　年　　月　　日　〜　　月　　日	所要経費
所要時間	

自己評価 (うまくできた点・失敗した点)

家族 (または友人) の評価

まとめと今後の課題	評価

視聴覚教材記録用紙

テーマ	
視聴日	年　　　　月　　　　日

内容

感想

テーマ	
視聴日	年　　　　月　　　　日

内容

感想

テーマ	
視聴日	年　　　　月　　　　日

内容

感想

テーマ	
視聴日	年　　　　月　　　　日

内容

感想

テーマ	
視聴日	年　　　月　　　日

内容
....
....
....
....
....

感想
....
....
....
....
....

テーマ	
視聴日	年　　　月　　　日

内容
....
....
....
....
....

感想
....
....
....
....
....

ボランティア活動記録用紙

実 施 日	年　　　月　　　日　　　　：　　　～　　　：
実施場所	
内　　容	
感　　想	
評　　価	

年	組	番	名前	

小論文解答用紙

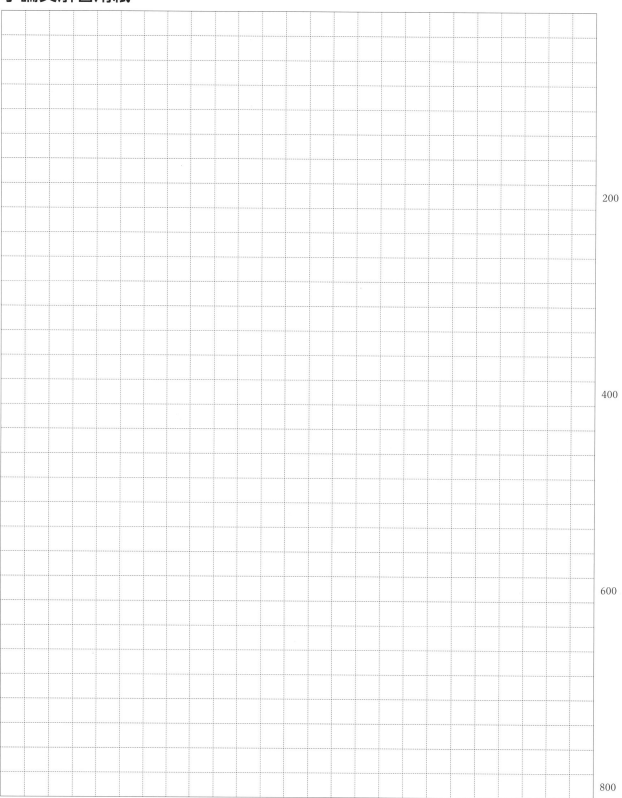

200

400

600

800